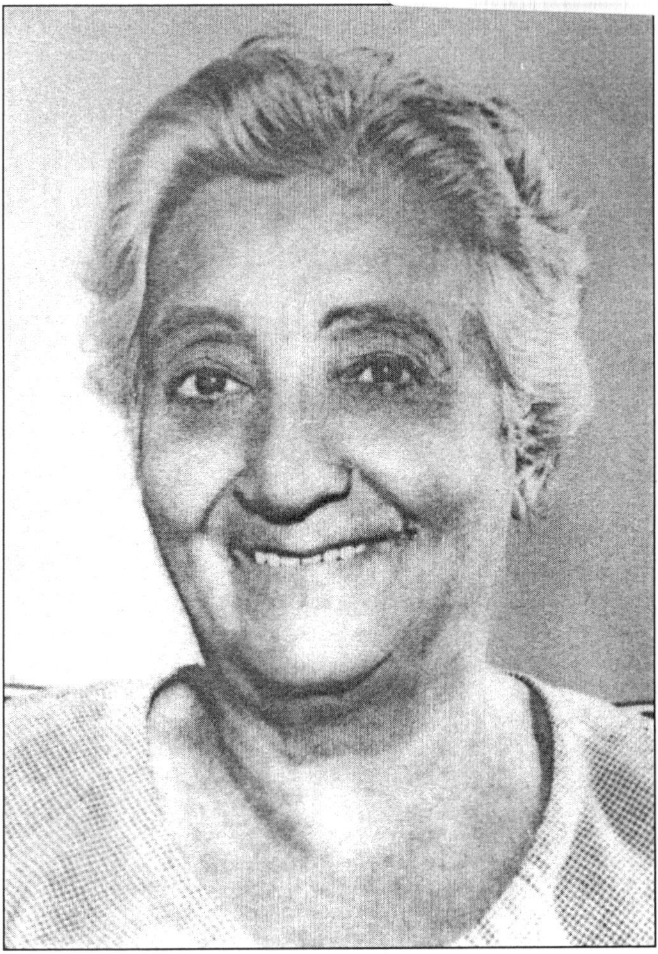

Yvonne do Amaral Pereira

Cânticos do Coração

CIP - Brasil - Catalogação - na - Fonte
Ficha Catalográfica Feita na Editora

922.2
P496c
v.1-2
	Pereira, Yvonne do A. 1906-1984.
	    Cânticos do Coração / Yvonne do A. Pereira; pref. de Hermínio C. Miranda. — 3. ed. — Rio de Janeiro: CELD, 2012.
	
	    2v.:160pp.; il.; ret.; 19cm.
	    ISBN 978-85-7297-024-2
	
	    1. Mártires Cristãos. 2. Mediunidade. 3. Espiritismo.
	    I. Centro Espírita Léon Denis. II. Título.

W. Gualberto CRB/7-1288	CDD-922.2

ÍNDICE PARA O CATÁLOGO SISTEMÁTICO:
1. Espiritismo 133.9 – 2. Mediunidade 133.91

Yvonne do Amaral Pereira

Cânticos do Coração

Volume I
Cânticos Doutrinários

3ª Edição

CELD
Rio de Janeiro, 2012

CÂNTICOS DO CORAÇÃO
Vol. I – Cânticos Doutrinários
Yvonne do Amaral Pereira

2ª Edição: julho de 2006;
1ª tiragem do 11º ao 13º milheiro.

3ª Edição: setembro de 2012;
1ª tiragem do 14º ao 15º milheiro.

L0490194

Capa:
Fabio Tadeu

Arte-Final de Capa:
Márcio Almeida

Composição
Luiz de Almeida Jr. e Márcio Almeida

Diagramação:
Rogério Mota

Revisão de originais:
Albertina Escudeiro Sêco e Vânia Márcia Campos

Revisão tipográfica:
Barbara Santos

Para pedidos de livros, dirija-se ao
Centro Espírita Léon Denis
(Distribuidora)
Rua João Vicente, 1.445, Bento Ribeiro,
Rio de Janeiro, RJ. CEP 21610-210
Telefax (21) 2452-7700
E-mail: editora@leondenis.com.br
Site: www.leondenis.com.br

Centro Espírita Léon Denis
(Livraria João de Deus)
Rua Abílio dos Santos, 137, Bento Ribeiro,
Rio de Janeiro, RJ. CEP 21331-290
CNPJ 27.291.931/0001-89
IE 82.209.980
Tel. (21) 2452-1846
E-mail: livraria@leondenis.com.br
Site: www.celd.org.br

Remessa via Correios e transportadora.
Todo produto desta edição é destinado à manutenção
das obras sociais do Centro Espírita Léon Denis.

OFERTÓRIO

Dedico este livro aos jovens discípulos das Mocidades Espíritas do Brasil.

Bem sei que nenhum deles necessita dos meus serviços para adotarem as leis, os ensinamentos, as virtudes que os tornarão adeptos da terceira revelação — esse amado Consolador que vem ressuscitando as lições e os exemplos do inesquecível Mestre que há dois milênios veio ao mundo como Emissário do Eterno.

Mas eu também fui jovem, lutei e sofri muito a fim de poder conhecer e assimilar os mesmos ensinamentos para atingir as sendas do Bem, compreendê-las e trabalhar resgatando débitos graves do passado.

Precisei, então, de proteção e de auxílio não somente de Protetores Espirituais, que jamais me abandonaram a braços com os percalços que se avolumaram à minha frente, mas também de amigos e irmãos de crença que me ajudassem a retirá-los com os seus conhecimentos contornados de amor fraterno. Por esta razão, hoje, já em véspera da minha libertação carnal, desejo deixar aqui expressa a minha solidariedade fraterna a esses jovens de boa vontade, que na flor da vida rejeitam as ilusões materiais e se voltam, plenos de coragem e de amor para as coisas de Deus, para as lides heroicas do Evangelho, compreensivos da urgência de se habilitarem para as responsabilidades doutrinárias que em breve assumirão como sucessores daqueles que lutaram, sofreram e trabalharam sob o impulso do Evangelho ou da sublime Doutrina dos Espíritos que a todos nós tem servido e encaminhado para Deus.

Aqui deixo o coração nessas singelas páginas, fruto das minhas meditações, com o desejo de que todos cumpram fielmente os deveres espíritas cristãos, sob o pálio protetor do Mestre e Senhor Jesus de Nazaré.

Yvonne do A. Pereira
Rio de Janeiro, 23 de abril de 1982.

SUMÁRIO

Prefácio 11

Capítulo I
Ecos de um Passado de Lutas
    As Catacumbas 17
    Os Primeiros Mártires 28
    Estêvão 33
    Tiago, Irmão de João 33
    Tiago, Filho de Alfeu 37
    André, Irmão de Pedro 40
    Filipe 41
    Marcos 45
    Lucas 49
    Mateus, Bartolomeu, Simeão 51
    João, o Evangelista 54
    Simão Pedro 61

Capítulo II
No Caminho de Emaús
    A Presença do Cristo.. 71
    A Narrativa de Lucas 74

Capítulo III
A Poesia Educativa 85

Capítulo IV
    A Poesia Mediúnica 99

Capítulo V
    A Literatura do Evangelho 113

Capítulo VI
    Música Transcendental 127

Dados biográficos de Yvonne do Amaral Pereira 155

PREFÁCIO
Sobre Yvonne e para Yvonne

Aí pelo meado da década de 1970, um grupo de devotados confrades assumiu a responsabilidade de abrir espaços na publicação oficial da Associação Espírita Obreiros do Bem, para mais amplas manifestações do pensamento doutrinário. O nome do mensário foi mudado de "Obreiro" para "Obreiros do Bem", e para as suas colunas começaram a ser atraídos alguns dos mais expressivos trabalhadores da seara espírita, à época, entre os quais Deolindo Amorim, Jorge Andréa dos Santos, César Burnier, Hernani Guimarães Andrade, Luciano dos Anjos, Newton Boechat, além

Cânticos do Coração

de João Antero de Carvalho e Gilberto Campista Guarino, responsáveis diretos por aquela dinâmica fase do simpático tabloide. Havia também autores que preferiam continuar abrigados em pseudônimos, como Maria Marcus, Boanerges, Johann Christian, ou Frederico Francisco, por exemplo, cujos nomes verdadeiros eram conhecidos de alguns. Segredo aberto, contudo, era o fato de que atrás deste último *nom de plume* estava a nossa muito querida Yvonne Pereira, que, em sua admiração e carinho pelo grande Chopin, traduzira o nome dele (Frédéric-François) e o adotara para escrever seus textos não mediúnicos.

Embora contido por natural timidez, que sempre me inibiu na aproximação maior com as mais destacadas figuras do movimento, tive o privilégio de alguma convivência com Yvonne, em encontros esporádicos na FEB, ou em outros locais, em duas ou três visitas à sua residência, num subúrbio do Rio, ou, mais frequentemente, por telefone, cuja ligação era, às vezes, de minha iniciativa e, de outras vezes, dela. (Paulo Aníbal Pereira, seu irmão, fora meu companheiro de trabalho, na Siderúrgica, em Volta Redonda.)

Yvonne era dessas pessoas que inspiram respeito. Não que ela o impusesse, longe disso. Era cordial com todos, simples, desarmada, espontânea, ainda

Prefácio

que inflexível na defesa dos princípios fundamentais da Doutrina Espírita, que estudava incessantemente. A severidade era consigo, não com os outros. Não se empenhava em polêmicas e debates inúteis, nem em longas dissertações teóricas. Era a primeira a examinar com atento olhar crítico o seu próprio trabalho. *Memórias de um Suicida*, um dos grandes livros mediúnicos contemporâneos, permaneceu muitos anos guardado, até que ela decidisse oferecê-lo à publicação, mesmo tendo para a dramática obra o aval de seus mentores, Dr. Bezerra de Menezes inclusive. Seria mesmo possível uma história como a que lhe narrara o espírito? Valeria a pena publicá-lo? Seria correto revelar o nome do autor? Preferiu que o autor figurasse apenas como Camilo Cândido Botelho. Lembro-me de que, ao me presentear com um exemplar autografado da versão espanhola, observou que teria preferido que a editora não houvesse estampado o nome Camilo Castelo Branco. Desejava, por certo, resguardar, com um meio anonimato, a sofrida personalidade do escritor desencarnado.

Por muito tempo, sua produção mediúnica foi escrita em papel de embrulho, de tamanho, cor e contextura diferentes. Sem dinheiro para adquirir material novo, ela recolhia todo o papel de embalagem

Cânticos do Coração

aproveitável, passava-o a ferro, recortava-o e usava-o na psicografia, que fazia com caneta — creio que esferográfica — porque o traço do lápis era pouco legível no papel pardacento. Isto salvou os preciosos originais, como revelaria em entrevista a João Antero de Carvalho, em *Obreiros do Bem*, (agosto de 1975), porque a tinta resistiu bem à passagem dos anos de espera.

Yvonne Pereira separou com nitidez a produção mediúnica, dos escritos de sua própria autoria. Deixou em ambas importante bagagem. Em ambas produziu textos doutrinariamente corretos e sóbrios, como ela própria o foi. Não dizia Buffon que o estilo é o homem (no caso, a mulher)? A linguagem é simples e desataviada, como a própria Yvonne. (Nunca a vi maquiada, enfeitada, com joias e roupas sofisticadas.) Em *Devassando o Invisível* e em *Recordações da Mediunidade*, ela se expôs no depoimento pessoal, partilhando com os leitores sua ampla experiência no longo e proveitoso exercício da mediunidade responsável, a serviço do próximo. Ela me falou, certa vez, de originais seus ainda inéditos. Por que não foram publicados? Por onde andariam? Com quem ficaram? De que tratavam? Seria ainda possível resgatá-los?

Prefácio

Escritos de Yvonne Pereira serão sempre bem-vindos. Por isso, saudamos esta coletânea que, inspiradamente, os companheiros do "Léon Denis" foram buscar nas esquecidas páginas de *Obreiros do Bem*. É uma alegria esta visita da querida e devotada trabalhadora, com a qual poderemos conviver um pouco mais, através de seus textos repletos de ensinamentos colhidos em décadas de estudo e prática da abençoada Doutrina dos Espíritos. Ela tem o que dizer e o diz com autoridade, competência e sobriedade. Estou certo de que ela não gostaria de qualquer tipo de exaltação à sua obra ou à sua pessoa, nem precisaria disso. Eis por que devo mandar-lhe, daqui, um recado. Assim:

"Você me desculpe, Yvonne. Procurei respeitar a sua modéstia, mas aí está o mínimo que poderia dizer pelo muito que ficamos todos a dever-lhe pelos escritos próprios e alheios, mas também, pelo exemplo de sua vida de renúncias e dedicação à tarefa que lhe foi confiada. Além do mais, tenho com você um ponto mais sensível na saudade. Hei de me lembrar da funda emoção com a qual ouvi você dizer-me, certa vez, ao telefone, que o meu recém-lançado *Diálogo com as Sombras* era, no seu entender, "o livro que Kardec não escreveu". Lembra-se? Para o escritor ainda temeroso de voos mais audaciosos, aquele foi um marco

Cânticos do Coração

luminoso, num momento mágico que a sua generosidade criou. Nunca mais me faltaria disposição para continuar escrevendo.

      Deus a abençoe, querida amiga e companheira de jornada evolutiva."

Hermínio C. Miranda

Capítulo I

ECOS DE UM PASSADO DE LUTAS

AS CATACUMBAS

> "Bem-aventurados os que padecem perseguição por amor da justiça, porque deles é o Reino dos Céus." *(Mateus, V:10)*

Numerosos historiadores e escritores ilustres, intelectuais de todas as especialidades — pensadores, arqueólogos, jornalistas, religiosos, etc. — têm visitado as catacumbas de Roma e de outras localidades da Terra, onde os primitivos cristãos foram sepultados.

Catacumba é um vocábulo grego que quer dizer "perto do vale" (*kata kumben*) devido a que, de início, talvez na Idade Média, a região mais conhecida, onde existia esse tipo de sepultura, se situava numa depressão do terreno a que chamavam "perto do

Cânticos do Coração

vale", ou *kata kumben*, pois, como sabemos, o grego foi, por muito tempo, a língua usada pela Igreja Cristã primitiva.

Valemo-nos do depoimento de alguns daqueles intelectuais, mas, principalmente, do historiador francês Daniel Rops, ilustre professor de Teologia na Sorbonne, para oferecermos aos leitores iniciantes das coisas do Evangelho e da Doutrina Espírita o noticiário que se segue.

Quem de nós nunca ouviu falar das catacumbas, mesmo na infância, quando nossos pais ou nossos avós relatavam aos nossos ouvidos atentos a vida gloriosa de um ou outro mártir do Cristianismo, durante os serões no lar, quando o Evangelho é exaltado e os mártires da fé e do trabalho por Jesus Cristo eram apontados como exemplos comoventes a seguir?...

Quem de nós nunca ouviu, à mesa do Culto do Evangelho no Lar, as narrativas dramáticas da vida e dos suplícios infligidos aos primeiros cristãos, nos séculos das perseguições ao nosso ideal de amor e de fé?

Que espírita deixou de ler as obras ditadas do Além por brilhantes entidades espirituais, através da mediunidade, onde esses mártires são exalçados para nossa edificação?

I – Ecos de um Passado de Lutas

A bibliografia espírita fala-nos deles em páginas sublimes, concedidas pela solicitude do Alto, que certamente nos leva a recordar esses tempos heroicos, porque uma das grandes tarefas do Consolador neste mundo é reviver o Cristianismo puro, que vem sendo profanado pelas paixões e inconsequências humanas.

Através daquelas páginas, temos convivido com os apóstolos do Senhor, com os mártires, com aqueles que preferiam morrer sob as garras das feras ou sob o ferro dos carrascos a atraiçoarem a própria palavra empenhada nos serviços do Cristo. Através delas temos assistido a mil execuções efetuadas há cerca de dois milênios, temos percorrido as imensas catacumbas e chorado sob os despojos daqueles cuja vida corporal foi tragicamente arrebatada, durante espetáculos dados ao povo como divertimento. E, em verdade, quem sabe se nós mesmos não assistimos a tais espetáculos, malvados e ridentes, naqueles tempos reencarnados em Roma, para, agora, repararmos o mal então praticado, trabalhando à luz do mesmo Evangelho a que aqueles cristãos heroicos serviram?

Voltemos ainda, talvez pela última vez, àquelas catacumbas impressionantes, visitemos, num retrocesso de memória, os locais antigos que, quem sabe, guardam também despojos carnais que foram nossos,

Cânticos do Coração

ou daqueles a quem amamos há dois milênios... ou choremos sob o passado de dores de irmãos queridos a quem ajudamos a supliciar, os quais, certamente, da alta espiritualidade guiam os nossos passos pelos caminhos da reabilitação...

As catacumbas são imensos cemitérios subterrâneos cavados em galerias, onde eram sepultados os cristãos em geral. Até o início do século 5, sepultaram-se cristãos nas catacumbas de Roma. Nessa época, porém, tendo Alarico I, rei dos visigodos (morto em 410 ou 412), saqueado Roma, não mais havendo segurança nas regiões das catacumbas, foram ali encerrados os sepultamentos.

As catacumbas de Roma são as mais importantes e as mais célebres. Ainda hoje são visitadas por inúmeros turistas que ali vão, a contemplar as intermináveis fileiras de túmulos, atestando a época em que a Doutrina do Cristo era implantada neste mundo. Encontram-se, porém, muitas catacumbas fora de Roma, principalmente em Nápoles e em Siracusa, na Sicília, na Toscana, na Gália e também na África, no Egito, na Ásia Menor, e até em Paris, datando dos primeiros tempos do Cristianismo e, no Egito, de épocas muito anteriores. As mais antigas, em Roma, são chamadas "grutas vaticanas", e remontam ao século 1, mas há

I – Ecos de um Passado de Lutas

também as de Comodila, na Vila Ostiana, regiões de Cecília Metela (Santa Cecília), de Flávia Domitila e de Ostriano, igualmente do século 1.

Muitos proprietários de terrenos punham essas propriedades à disposição das comunidades, a fim de sepultarem os mortos. Flávia Domitila, por exemplo, sobrinha do Imperador Vespasiano, patrícia romana convertida ao Cristianismo, além de construir o túmulo particular dos membros da família que se convertiam à nova fé, fez também um cemitério subterrâneo, ou galerias de catacumbas, para os serviçais da sua casa, também convertidos à fé cristã.

Na catacumba de Ostriano, na Vila Nomentana, em Roma, é tido como certo que o Apóstolo Pedro tenha pregado a Boa-nova aos auditórios cristãos, durante os dias de perseguição, e quando ali se escondia dos sequazes de Nero.

Há também as catacumbas de Calixto, assim chamadas porque Calixto foi administrador geral de uma grande região de catacumbas. Cerca do ano de 217, esse mesmo cristão foi levado à direção geral da igreja primitiva sob o nome de Calixto I, de tudo isso advindo o nome daqueles grandes cemitérios subterrâneos.

Havia também as catacumbas de São Sebastião, muito veneradas na Idade Média, assim denomi-

Cânticos do Coração

nadas por serem construídas em torno da Basílica de São Sebastião, na Via Ápia. Estas eram de pequenas dimensões, a sudeste de Roma. E há, ainda, catacumbas particulares, de famílias aristocratas cristãs, como as de Flávia Domitila, do século 1, construídas em terrenos, em regiões de sua propriedade.

As catacumbas são construídas no subsolo, em galerias estreitas. Algumas dessas galerias medem apenas um metro de largura, outras ainda menos, obrigando o visitante a caminhar ali um tanto de lado. As sepulturas são cavadas nas paredes das galerias, superpondo-se umas às outras como gavetas de uma cômoda. O visitante admira-se desses cemitérios subterrâneos, que se emaranham em verdadeiros labirintos, com salas, saídas falsas, etc.

Supõe-se, então, que essas salas eram locais para a celebração do culto evangélico durante as perseguições, de preces em intenção aos mortos ali sepultados, mas não é crível que os cristãos ali fixassem esconderijo permanente, porque o ar escasso, as condições atmosféricas muito pesadas não permitiriam senão reuniões passageiras. Em certos pontos, as galerias são construídas umas sobre as outras e chegam a ter cinco andares, a mais profunda medindo 25 metros.

I – Ecos de um Passado de Lutas

É sabido que os cristãos preferiam ser enterrados ali, escondidos, porque as leis pagãs, reconhecidamente materialistas, mandavam incinerar os cadáveres, e eles, os cristãos, tinham horror à incineração, talvez por um respeito religioso, talvez porque nem o Judaísmo nem o Cristianismo houvessem recomendado a incineração.

A extensão das catacumbas não é bem conhecida pelos arqueólogos e investigadores dos antigos tempos. Calculou-se em 875 quilômetros de extensão, e outros investigadores entenderam tratar-se antes de 1.200 quilômetros, só em Roma, o que vem confirmar o fato de serem elas construídas em voltas e ziguezagues, ou labirintos, e não em sentido reto.

As catacumbas de Santa Sabina, por exemplo, foram medidas com grande cuidado, e "deram como cifras para suas escavações 16.475 metros quadrados de superfície; 1.603 metros de comprimento e 5.736 túmulos".[1] Os entendidos no assunto calculam que ainda há mais catacumbas no solo de Roma do que a arqueologia já descobriu.

---

[1] Ver *A Igreja dos Apóstolos e dos Mártires*, de Daniel Rops, historiador francês, professor de Teologia na Sorbonne, falecido em 1965.

Cânticos do Coração

Ao que parece, no início da Idade Média, as regiões das catacumbas, ou antes, toda a campina romana foi alagada pela rutura dos velhos aquedutos que supriam a cidade de água potável. O fato lamentável tornou a região intransitável, e as catacumbas deixaram de interessar aos visitantes, sendo esquecidas, dando em resultado a região ser infestada por malfeitores e saqueadores, os quais a custo foram combatidos.

Tornaram-se célebres os salteadores existentes na Via Ápia, durante o século passado. Nos dias atuais, porém, as catacumbas, liberadas de inconvenientes, constituem uma das grandes atrações turísticas da velha e gloriosa cidade. Do século 1 ao ano de 412, portanto, enterraram-se cristãos nas catacumbas. Trata-se, como vemos, de um período de quatro séculos!

Quem visita hoje um cemitério comum e repara em certos mausoléus figurando uma capela, com altar ao fundo e as "gavetas" superpostas nas paredes laterais, em sentido horizontal, ou seja, as sepulturas abertas nas muralhas, pode ter uma pequena ideia das catacumbas aos tempos dos mártires cristãos.

Tal como hoje, esses túmulos, abertos nas paredes das galerias, apresentavam enfeites, alguns muito toscos, humildes, com os nomes daqueles que ali foram sepultados. Esses nomes variavam de origem:

I – Ecos de um Passado de Lutas

eram orientais, gregos, romanos, judaicos, gauleses, indicando, porém, que todos foram cristãos martirizados. Os enfeites eram: Daniel na cova dos leões; o sacrifício de Abraão, prestes a imolar Isaac, seu filho; Moisés batendo no rochedo, à procura de água; Jonas atirado à praia; Noé em sua arca, e até Adão e Eva no paraíso, etc. Compreende-se, então, que se tratava de judeus, de israelitas convertidos ao Cristianismo, ainda conservando a atração pela sua heroica história nacional.

Havia também motivos cristãos: o peixe, antigo símbolo dos cristãos, lembrando a multiplicação dos pães e dos peixes, de que nos falam os Evangelhos, e também que todo cristão devia ser pescador de almas; a ramagem da vinha, ainda hoje usada nos túmulos modernos; o trigo, lembrando a Galileia, rica em agricultura; Jesus com a ovelha nos ombros, etc., provavelmente indicando cristãos romanos e gauleses, desconhecedores dos símbolos familiares aos cristãos judaicos.

Ao que parece, o símbolo da cruz só mais tarde foi adotado pelos cristãos, mesmo porque por esta época ainda estava em vigor o suplício para os condenados e a efígie da cruz repugnaria os cristãos.[2]

---

[2] O suplício da cruz só foi abolido por Constantino I durante o primeiro quarto do século de seu governo. O grande imperador, amigo dos cristãos, nasceu cerca do ano 280, em Nisch, na antiga Ilíria (a Sérvia antiga, hoje Iugoslávia) e morreu em 337.

Cânticos do Coração

Quanto aos epitáfios, são parecidos com os que ainda hoje usamos: "Havemos de nos encontrar na eternidade"; "Ela foi mãe exemplar, esposa dedicada"; "Descansa em paz", etc.

Os nomes variavam também. A maioria era Fortunata, Domitila, Lucila, Luzia, Rufina...para as mulheres; ou Acaicos, Urbano, Hermas, etc., para os homens, gente simples, mas heroica, cuja singeleza os nomes, desajeitadamente perpetuados em suas sepulturas subterrâneas, testemunhavam.

Mas onde estão aqueles que cavaram essa silenciosa cidade subterrânea? Certamente eram pobres cavouqueiros, pedreiros, amoladores ambulantes, vendedores, operários, a quem o entusiasmo cristão tornara heroicos. Dirigidos, provavelmente, por outros cristãos mais bem colocados na sociedade, cortaram nas entranhas da terra essas moradas, rebocaram quilômetros e quilômetros de galerias e labirintos, para, mais tarde, também martirizados, virem seus despojos carnais ali habitar, enquanto o espírito ressurgia em glória para a vida espiritual.

Hoje, a memória desses mártires é venerada pelos nossos corações que, também como eles, amam o Evangelho e desejam difundi-lo, pois a Humanidade

I – Ecos de um Passado de Lutas

ainda é tão materialista como nos tempos de Roma, tão descrente do bem como foram aqueles que perseguiram o Cristo na pessoa dos seus humildes e pacatos defensores.

Que a lembrança desses mártires possa avivar no coração da juventude moderna, dedicada à Doutrina Espírita, a chama imortal que incendiou de amor, de fé e de coragem o coração daquela juventude dos primeiros séculos do Cristianismo, levando-a a preferir o martírio e a morte a falsear e perjurar os próprios ideais. Que a memória daquele Simão Pedro, daquele Paulo de Tarso, e daqueles André, Filipe, João, Marcos, etc., a par daquelas anônimas Lucilas, Rufinas, Domitilas, Luzias e daqueles humildes operários que não temeram o sacrifício, inspire os jovens espíritas na continuação desse ideal que a todos conduzirá à glória eterna. O grito de dor e de amor desses mártires cujos corpos dilacerados foram sepultados nas catacumbas de Roma, da África, da Ásia, do Egito ou da Gália, há dois mil anos, continuará ainda fecundando a nossa fé e a nossa fidelidade a Jesus Cristo, para que saibamos todos cumprir o nosso dever junto dos compromissos assumidos com o Mestre e com o Pai Supremo, como eles souberam amar e cumprir o deles.

Cânticos do Coração

OS PRIMEIROS MÁRTIRES

Todo aquele que ama o Evangelho e se dedica à meditação sobre os acontecimentos em torno de Jesus e dos posteriores assuntos relacionados com ele e sua doutrina, gostaria de saber algo mais do que foi sucedido aos seus apóstolos e a alguns outros discípulos e amigos que viveram no seu tempo. Muitos estudiosos têm procurado investigar em documentos históricos os mesmos acontecimentos.

Mas nem sempre têm podido comprovar com fidelidade o que sucedeu a esse ou àquele dos apóstolos e demais auxiliares, cujos nomes trazemos no coração, mas cujo destino não foi registrado pela História oficial e, sim, apenas pela tradição ou pelos escritos dos primeiros doutores e historiadores da Igreja Cristã. Essa escassez de dados oficiais, que hoje tanto nos consterna, teve a sua razão de ser. Os apóstolos de Jesus e seus primeiros seguidores eram homens pobres, obscuros, rústicos, sem nenhuma projeção social para lograrem ser imortalizados nos compêndios históricos da época, compêndios que somente aos grandes da Terra se abriam as páginas.

Para um romano ilustre da época imperial, Pedro, por exemplo, não passaria de um mendigo, um malfeitor, vagabundo, além de ser estrangeiro, proce-

I – Ecos de um Passado de Lutas

dente de uma pequena província conquistada pelo império, pobre e malvista pelos próprios conquistadores. E tanto assim foi que Pedro recebeu a morte desprezível na cruz, dada somente a escravos e malfeitores.

Os historiadores não cristãos dos primeiros tempos do Cristianismo, portanto, não se preocupariam em registrar em suas páginas consagradas à posteridade, a vida e os feitos de pobres pescadores da Galileia, por mais heroicos que fossem no âmbito de ação; de tecelões e publicanos, de operários e pastores que pregavam uma doutrina desconhecida pelos grandes, repelida pelo povo como superstição maléfica, indigna da atenção dos que se julgavam sensatos.

Foi preciso que os circos de Roma se abrissem para espetáculos, onde essa plebe malvista era martirizada pelas garras das feras e pelas fogueiras, para que esses pobres sofredores fossem notados e transportados para a História. Mesmo assim não o foram individualmente, com minúcias que hoje gostaríamos de conhecer, mas como uma coletividade a que chamavam cristãos.

Raros foram, portanto, aqueles cujos nomes e personalidades a História assinalou com precisão e fidelidade, em dois séculos e meio de perseguições constantes e martírios ininterruptos, sem lembrarmos

Cânticos do Coração

os martírios iniciados com o próprio suplício de Jesus, e demais violências cometidas na Judeia contra os seus discípulos e apóstolos. Apenas a tradição cristã legou alguma coisa à posteridade relativamente aos apóstolos de Jesus, bem como obras por assim dizer históricas dos primeiros servidores do Cristianismo, que as escreveram pelos fins do primeiro século da nossa era, pelo segundo e o terceiro. E, hoje, esses escritos são reconhecidos pela civilização cristã, ou, antes, pelos cristãos civilizados e fiéis aos princípios expostos pelo Mestre.

Assim é que a Tertuliano e Eusébio de Cesareia, que viveram no fim do segundo século e princípio do terceiro; a Orígenes, o grande pensador cristão, que viveu entre o primeiro e segundo séculos, devemos algumas notícias acerca dos apóstolos de Jesus. Como sabemos, esses historiadores cristãos, mundialmente conhecidos e respeitados pelos investigadores do Cristianismo primitivo, diziam em suas obras conhecerem o destino dos apóstolos, coisas que nenhum compêndio histórico oficial da época registrou. Tais notícias chegaram até nós através de obras de historiadores modernos que, ao que parece, conheceram pelo menos trechos daqueles importantes e veneráveis documentos, conservando para a atualidade interessante noticiário.

I – Ecos de um Passado de Lutas

É possível que aqueles ilustres cristãos dos primeiros três séculos estivessem muito bem informados acerca desse atraente assunto. Alguns deles, como Eusébio de Cesareia, conheceram pessoalmente discípulos dos apóstolos e do próprio Jesus, dos quais teriam colhido informações preciosas, mais tarde confiadas aos seus papiros históricos. A tradição, por sua vez, teria passado de geração a geração, entre uma coletividade inflamada por fé ardente e que se esforçava por conservá-la viva e palpitante como nos primeiros dias da ressurreição.

As perseguições ocorridas durante dois séculos e meio, em vez de arrefecer o entusiasmo em seus corações, alicerçaram melhor a convicção desses idealistas, que preferiram morrer a atraiçoarem os próprios sentimentos de fé; e todos foram, certamente, fiéis no que relatavam ou escreviam.

Existiram também cartas de uns cristãos a outros, levadas através de distâncias imensas, pelos correios pessoais, informações que se constituíam em verdadeiros jornais particulares e que os adeptos, investidos de grandes responsabilidades nas comunicações cristãs de toda parte, eram obrigados a remeter para outros por um sagrado dever de vigilância, solidariedade e ética doutrinária.

Cânticos do Coração

Essas cartas, esses documentos, ou alguns deles, venceram etapas seculares e chegaram a informar cristãos posteriores, que escreveram sobre eles e sobre os acontecimentos ali narrados, visto que foram zelosamente conservados em arquivos da comunidade.

Quem se dedicar a tais buscas, principalmente nas bibliotecas da Itália (Vaticano), tão citadas pelos historiadores modernos, compreenderá, certamente, o que aqui desejamos esboçar.

Entrementes, em *Atos dos Apóstolos*, vamos encontrar também algum noticiário quanto ao assunto que tratamos.

Estêvão, o primeiro mártir do Cristianismo, depois do próprio Jesus; Judas Iscariotes, vivendo uma tragédia que ainda hoje nos punge o coração; Tiago, filho de Zebedeu e irmão de João; Filipe, o heroico evangelizador de Samaria, um dos sete diáconos, cujas filhas eram médiuns valiosas, e através das quais presumimos que os espíritos orientassem os apóstolos, quanto às operosidades a tentar, e ainda Simão Pedro, Paulo de Tarso, Simeão, etc., lá estão citados em *Atos dos Apóstolos*, acalentando de algum modo o nosso desejo de saber algo sobre eles. São, portanto, alguns desses fatos, colhidos em livros antigos — que tinham como base a tradição provinda dos primeiros séculos

I – Ecos de um Passado de Lutas

do Cristianismo, sem confirmação histórica oficial — o que aqui tentaremos expor. Outros fatos, porém, trazem credenciais históricas, pois que são citados em *Atos dos Apóstolos*.

ESTÊVÃO

Estêvão foi o primeiro mártir do Cristianismo, todos nós o sabemos. Foi lapidado, isto é, supliciado a pedradas, após o discurso magnífico pronunciado no Templo de Jerusalém, durante o qual cenas da vida espiritual se desvendaram para ele, tendo se referido às mesmas na sua oratória. É comovente o versículo 15 do capítulo 6 de *Atos dos Apóstolos*:

"Fixando nele os olhos, todos os membros do Grande Conselho viram o seu rosto semelhante ao de um anjo."

Seguem-se o discurso e a morte do atraente discípulo no capítulo 7.

Após Estêvão, pelo ano 41, já no reinado de Herodes Agripa I, seguiu-se Tiago, irmão de João, o Evangelista. Os demais só mais tarde deram a vida pela Doutrina do Senhor, a quem tanto amavam.

TIAGO, IRMÃO DE JOÃO

Doze anos após a ressurreição de Jesus, seus apóstolos deixaram Jerusalém para espalharem a Boa-

Cânticos do Coração

nova, isto é, pelo ano 41. Os historiadores, Daniel Rops inclusive, apontam o ano 41 e não o 43, em vista de que, segundo investigações e estudos minuciosos, os pesquisadores desses fatos chegaram à conclusão de que o calendário estaria incerto, atrasado, relativamente ao nascimento de Jesus e a outros fatos que se sucederam, daí consequentes, o que leva o ano 41 a perfazer doze, após a ressurreição de Jesus, partindo do nascimento do mesmo. Ora, essa época coincide com a grande perseguição verificada em Jerusalém contra os cristãos, por Herodes Agripa I, neto de Herodes, o Grande.[3]

Herodes Agripa foi o sucessor de Herodes Ântipas, que foi o marido de Herodias e padrasto de Salomé, o qual ordenou a morte de João Batista, precursor do Cristo.

Esse mesmo Herodes Agripa foi companheiro de orgias de Calígula, herdeiro do trono do Imperador Tibério, de Roma. Viveu ele muitos anos nesta grande cidade, gozando das boas relações do imperador, do seu herdeiro e de toda a sua corte, não obstante os maus pendores que lhe eram próprios. Uma vez elevado a

---

[3] Ver, para data do nascimento de Jesus, *O Evangelho de Jesus*, da Associação MIMEP, supervisão de Mons. Henrique Galbiatti, cap. 6. Cronologia da vida de Jesus.

I – Ecos de um Passado de Lutas

Imperador, Calígula favoreceu o amigo com o título de rei e duas tetrarquias do Norte da Palestina, e, depois do afastamento de Herodes Ântipas, também a Galileia e a Pereia.

Como sabemos, por essa época toda a Palestina era submetida ao governo de Roma, e as leis em vigor, para os atos oficiais, eram as romanas.

Desejando cativar as boas graças dos judeus, pois não era benquisto entre o povo, Agripa desencadeou abominável perseguição contra os inofensivos cristãos.

Tiago, filho de Zebedeu, e irmão de João, foi preso por ordem de Agripa e condenado à morte. Sua execução verificou-se pela espada, em local apropriado, certamente em algum pátio ou terreno anexo ao templo, pois existiam em Jerusalém locais para as execuções dos condenados. Tudo nos leva a crer que Tiago foi decapitado.

Os *Atos dos Apóstolos* referem laconicamente o fato, dizendo que "Herodes Agripa matou à espada o Apóstolo Tiago"(12:2), mas os historiadores antigos nos dizem mais.

Houve, portanto, um denunciante que entregou Tiago a seus perseguidores, tal como aconteceu a Jesus. Seu denunciante, porém, arrependeu-se do

Cânticos do Coração

crime cometido, certamente diante da atitude serena do mártir, e declarou-se também cristão. Foi, por isso, também condenado à morte e morreu juntamente com aquele a quem denunciara. Pediu perdão à sua vítima antes de morrer. E Tiago respondeu serenamente: "A paz seja contigo". E o abraçou.

Diante dessa exposição, compreendemos que, havendo denúncia, houve processo, embora arbitrário, e consequente condenação, o que teria levado Tiago ao cárcere. O caso, portanto, não poderia ter se desenrolado com o laconismo observado em *Atos dos Apóstolos*. Todos os mártires de que se tem notícias sofreram a prisão, os interrogatórios, o processo e consequente condenação, até mesmo Jesus; isso se não morressem durante os conflitos em praça pública, e até mesmo em Roma, a partir de Trajano, quando uma lei foi criada para tais fins.

Tiago, irmão de João foi, dessa forma, o primeiro apóstolo de Jesus a morrer, depois de Judas Iscariotes, o qual, como sabemos, suicidou-se, levado pelo desgosto e arrependimento por ter deixado de cumprir o próprio dever junto ao Mestre.

O grande historiador cristão Eusébio de Cesareia e também Tertuliano, que viveram, conforme dissemos, respectivamente nos fins do século 2 e no

I – Ecos de um Passado de Lutas

princípio do 3, e ainda Rufino, outro historiador emérito, que traduziu suas obras, e Orígenes, o grande pensador, que viveu entre os séculos 1 e 2, são quem nos dão essas notícias, além de outras mais, pois todos os três afirmaram em suas obras saber qual fora a "zona de ação dos apóstolos de Jesus". Por essas indicações, vemos também que Tiago não chegou a sair de Jerusalém para os serviços de evangelização. Pelo menos não se teria afastado para muito longe da região pátria.

TIAGO, FILHO DE ALFEU

Sabemos que esse eminente e dedicado apóstolo do Senhor foi o primeiro vigilante da Igreja Cristã primitiva de Jerusalém, cujo respeito pelas leis nacionais-religiosas de Israel e de boas relações com os representantes do templo garantiram, nos primeiros anos, aos cristãos o exercício da sua doutrina. Sabe-se que sua devoção era primordial. Não obstante, cristão convicto, nunca abandonou certas práticas do judaísmo, como, por exemplo, ler os livros da lei religiosa de Israel, o Torah, ajoelhado como de praxe entre judeus muito devotos. De tal forma habituara-se a esse princípio que seus joelhos eram calosos e esses calos passaram para a Igreja Cristã e são hoje conhecidos e citados até pelos historiadores, inclusive Daniel Rops.

Cânticos do Coração

No grande livro *Paulo e Estêvão*, ditado do além-túmulo pelo evangelizador Espírito Emmanuel ao médium Francisco Cândido Xavier, há referências tão minuciosas sobre a vida e as obras desse apóstolo que não nos atrevemos a maiores detalhes. Essa obra, a que o sentimento e a razão identificam como autêntica, satisfaz nosso desejo de algo saber, não só em torno do apóstolo como também de outros personagens do Evangelho, razão pela qual aconselhamos a sua leitura aos nossos prováveis leitores. Acrescentaremos, porém, pequenos detalhes que historiadores da época e de um pouco mais tarde escreveram a respeito de Tiago, ou, antes, a respeito de sua trágica morte, pois segundo versões correntes entre historiadores cristãos dos primeiros tempos, todos os apóstolos de Jesus, à exceção de João, foram martirizados, até mesmo Lucas, que era evangelista.[4]

Tiago, filho de Alfeu, apóstolo de Jesus Cristo, também chamado de Tiago Menor pelos cristãos, enquanto o outro Tiago, filho de Zebedeu e irmão de João, era chamado de Tiago Maior...

---

[4] Ver *A Igreja dos Apóstolos e dos Mártires* de Daniel Rops.

I – Ecos de um Passado de Lutas

No ano 62, 28 anos após o desaparecimento de Jesus e quando Simão Pedro e Paulo de Tarso já se encontravam em Roma e Tiago Maior havia morrido, o grande sacerdote Anás, sogro daquele que exercia o mesmo cargo no Sinédrio de Jerusalém, quando Jesus foi supliciado, pretendeu destruir para sempre a seita cristã.

O historiador judeu Flávio Josefo, que viveu nessa época, e o moralista e historiador cristão Hegesipo, que viveu nos meados do século 2, oferecem as seguintes informações:

Anás denunciou Tiago Alfeu, ao Sinédrio. Esse Tiago era um cristão muito judaizante, observador de certas práticas judaicas e primeiro bispo[5] de Jerusalém, segundo a História do Cristianismo primitivo.

Uma vez preso, o apóstolo foi levado ao alto do Templo de Jerusalém, tão conhecido também dos espíritas. Ali, exigiram dele que renegasse Jesus. Mas Tiago Alfeu não o renegou, resistindo heroicamente à imposição. Sua recusa em abjurar o Cristo foi enérgica e bela como a de Estêvão. Então, porque não se

---

[5] Bispo é um vocábulo grego que quer dizer vigilante. Ele era, pois, o vigilante da Igreja Cristã de Jerusalém.

curvasse, foi atirado do alto do templo ao precipício. Mas não morreu. Foi então apedrejado e, finalmente, acabaram de matá-lo com uma pesada massa de madeira denominada "pisão".

ANDRÉ, IRMÃO DE PEDRO

Há, porém, outras notícias também tão interessantes quanto as acima citadas, embora os historiadores modernos que nos elucidam sobre elas apenas se baseiem em historiadores cristãos do primeiro e do segundo séculos, visto que a História oficial não tratou do movimento cristão.

Assim é que Eusébio de Cesareia, Orígenes e Rufino adiantam ainda que, enquanto João, o evangelista, ia para a Ásia (Éfeso), antes do suplício que sofreu em Roma e consequente deportação para a Ilha de Patmos, ou seja, mais ou menos no ano 49, o Apóstolo André, irmão de Pedro, ia evangelizar no chamado "país dos Cítias", isto é, no sul da Rússia, onde hoje se localiza a Crimeia. Mateus ia para a Etiópia, Bartolomeu ia para a Índia e Tomé ia para o reino dos Partas.

Existe mesmo uma informação de que "Tomé, seguindo o caminho das caravanas, pela Pérsia, atingiu o vale dos Ganges, o rio sagrado da Índia, e converteu

I – Ecos de um Passado de Lutas

ao Cristianismo o Príncipe Matura, que acabava de fundar a Índia e na Ásia Menor um grande império".

No entanto, do "país dos Cítias", André teria voltado ao Oriente, porque é sabido que, tendo ele ido evangelizar na Acaia, no Peloponeso (Grécia), ali morreu crucificado numa cruz, em forma de X, um terrível suplício que nada ficaria a dever ao da cruz romana.

Os historiadores que se referiam a tais acontecimentos foram eminentes cristãos dos primeiros tempos, que tudo fizeram pela Doutrina de Jesus, e que, igualmente, devem não só as próprias forças ao serviço sagrado da disseminação da Boa-nova, mas também à própria vida, pois todos eles foram condenados e supliciados.

O fato é que, na Rússia e em toda a região norte e leste da Europa, existem igrejas consagradas a Santo André, e esse nome, André, é tão popular naquele país e nos países vizinhos como os nomes de José e João o são entre nós. Não será isso um indício de verdade em torno de uma tradição local?

FILIPE

No capítulo 8 de *Atos dos Apóstolos*, versículos 8 e 26, e seguintes, há substancioso noticiário sobre

Cânticos do Coração

esse incansável servidor do Evangelho, um dos sete diáconos da igreja primitiva, residente em Jerusalém, que, juntamente com os seus companheiros de trabalho, tratava da "mesa dos pobres" enquanto os apóstolos tratavam da "palavra de Deus" (evangelização), mas evangelizador ele próprio, e de tal capacidade que, apenas sendo diácono, bem mereceu ser chamado de apóstolo.

Os sete diáconos, como sabemos, nessa época, eram Estêvão, o primeiro mártir, "homem cheio de fé e do Espírito Santo", Filipe, Prócoro, Nicanor, Timon, Pármenas e Nicolau, prosélito de Antioquia (*Atos dos Apóstolos*, 6:1 a 15).

Filipe evangelizou a província de Samaria, renegada pelos judeus como terra de hereges, que menosprezavam o Templo de Jerusalém, cultuando Deus no seu Templo do monte Garizim, daquela província. Seus feitos nessa localidade estão bem anotados naquele atraente livro e até agora mais nada de especial conseguimos.

É evidente que Filipe foi poderoso médium, como o seriam os apóstolos do Senhor, além de curar com a imposição das mãos recebia instruções dos mentores espirituais sobre o que havia de fazer e que

I – Ecos de um Passado de Lutas

região deveria visitar a fim de evangelizar os seus habitantes.

O versículo 26 do capítulo 8 é bem claro nessa particularidade:

"E o anjo do Senhor (espírito guia) falou a Filipe, dizendo: 'Levanta-te e vai para o sul, em direção à estrada que vai de Jerusalém a Gaza'."

Durante tal viagem deu-se então a conversão do intendente da rainha da Etiópia, ao qual Filipe se dirigiu obedecendo ainda às instruções do mentor espiritual, fato que indica ser Filipe médium auditivo também. Para todos os lugares a que se dirigisse a serviço do Senhor fazia-o obedecendo sempre às instruções do "espírito", tal como acontece aos médiuns atuais investidos de graves responsabilidades perante os serviços do Consolador.

Sua permanência no país de Samaria foi fecunda. Sozinho, fez curas importantes e evangelizou as massas. O fato, ao que parece, causou sensação entre a comunidade cristã de Jerusalém, e *Atos dos Apóstolos* nos informam de que Pedro e João foram à Samaria a fim de verificar com os próprios olhos os prodígios conseguidos por Filipe, o que leva a crer que esses dedicados servidores muito se esforçavam, tal como acontece hoje a nós outros, que havemos de sofrer e

Cânticos do Coração

muito trabalhar até que consigamos obter a cura de um ou mais enfermos que nos procurem.

Tal procedimento, aliás, ou seja, a ida de Pedro e João à Samaria a fim de verificar a verdade, era de praxe entre as comunidades cristãs, havia sempre rigorosa vigilância entre os fatos e as ações dos discípulos por aqueles que fossem portadores de maior autoridade.

Pedro e João confirmaram tudo, e voltaram satisfeitos, havendo alegria entre os cristãos de Jerusalém pelo heroísmo do diácono Filipe em Samaria, pois, não nos esqueçamos que judeus e samaritanos não cultivam boas relações de amizade por motivos religiosos... e a Doutrina de Jesus acabava de irmanar aqueles que a aceitaram por intermédio de Filipe.

Mas em que época tais coisas se passaram? Certamente antes da perseguição movida por Herodes Agripa, isto é, antes do ano 41. Há mesmo notícias de que a evangelização da Samaria foi realizada pouco depois do suplício de Estêvão. Os samaritanos, portanto, foram cristãos de primeira hora.

Filipe evangelizou ainda no "país dos filisteus", andou evangelizando pelas estradas de Gaza, instalou-se em Cesareia e percorreu todas as regiões vizinhas, num profundo trabalho de catequese. Tudo indica que o raio

I – Ecos de um Passado de Lutas

de ação de Filipe foi mesmo a Ásia Menor, as províncias gregas, e que não chegou a ir a Roma.

Como vemos, as idas e vindas desse amoroso e dedicado discípulo de Jesus Cristo fazem lembrar muitos dos nossos oradores espíritas, que a tudo renunciam para levarem de um extremo a outro do país, e até a países estrangeiros, a palavra do Consolador enviado pelo Cristo, que nos relembra tudo quanto o Senhor nos ensinou, ensinando-nos muitas outras coisas mais...

MARCOS

Também de Marcos pouco se sabe. Entretanto, historiadores atentos ao noticiário existente sobre esse tão atraente evangelista, conseguiram descobrir dele algo que nos emociona, estudando nos próprios Evangelhos e em *Atos dos Apóstolos* os acontecimentos entre os quais vemos ou compreendemos a sua operosa ação em torno da doutrina nascente.

Sabe-se, porém, e os dicionários históricos registram, que o Evangelista Marcos foi o fundador da Igreja de Alexandria, isto é, do primeiro núcleo cristão daquela importante cidade do mundo antigo, e foi martirizado no Egito, provavelmente pelo ano de 67, pois também neste país houve grandes e terríveis perseguições contra os cristãos.

Cânticos do Coração

O sangue generoso desses fiéis discípulos e colaboradores do Cristo de Deus tinha de correr, como convite inesquecível aos posteriores adeptos para que cumprissem, por sua vez, os próprios deveres cristãos.

Sobre esse doce personagem dos primeiros dias do Cristianismo, cujo livro, o *segundo Evangelho*, tanto temos citado pelo muito que nos tem auxiliado e esclarecido em nossas horas de meditação e trabalho, o escritor e historiador Daniel Rops, de quem preferentemente nos valemos para os nossos pequenos ensaios, esclarece o que em seguida transcrevemos para a satisfação dos possíveis leitores:

"Passaram-se anos. Pedro está há muito tempo instalado em Roma. Talvez por volta do ano 55, juntou-se a ele um discípulo, judeu helenista, provavelmente originário de Chipre, mas que vivia em Jerusalém, e que se chamava João, com o sobrenome de Marcos. Esse Marcos não foi verdadeiramente discípulo de Jesus, porque era então muito novo, mas depressa aderiu à nova fé.

Marcos era filho daquela Maria que, em 44, abrigava cristãos numa casa situada nos bairros pobres de Jerusalém, num lugar isolado. Tem-se procurado saber se não seria nas imediações desta propriedade que se efetuou a prisão de Jesus e se Marcos não seria

I – Ecos de um Passado de Lutas

aquele mancebo de quem ele próprio fala (14: 51 e 52), que tentou seguir Jesus e que os guardas quiseram prender, tendo ele fugido, nu, através da escuridão da noite.

    Muito modesto, ocupou um lugar de segunda categoria, mas desempenhou admiravelmente, junto de grandes chefes, as funções de secretário e de catequista. Trabalhou com o sábio Barnabé, com Paulo durante algum tempo, e conheceu Pedro desde a sua adolescência. É um homem do povo, que conhece a língua grega; não maneja superiormente o idioma de Homero, mas é incisivo e realista como os simples.

    Chegado a Roma — talvez após a morte do seu Mestre Barnabé — entregou-se todo a Pedro. Ouve-o falar e anota os traços salientes de sua catequese; e, como o Príncipe dos Apóstolos é também um homem do povo, mais santo do que instruído, o que Marcos registra (no seu Evangelho) não tem muita arte, não tem muita ordem, mas está repassado de sabor e de fé. E é assim que, a pedido da comunidade romana, sem dúvida entusiasta, Marcos, entre 55 e 62, reduz a escrito o que ouviu de Pedro. Dispõe, além disso, de um daqueles manuais a que já nos referimos, principalmente de uma pequena obra com cerca de cinquenta páginas, bastante desordenada, mas notável pelo seu vigor e por um raro frescor de visão."

Cânticos do Coração

A origem do *segundo Evangelho* é-nos ainda narrada por Papias: "Marcos, que tinha sido intérprete de Pedro, escreveu exatamente tudo aquilo de que se lembrava sobre o que o Senhor dissera ou fizera, mas sem respeitar a devida ordem. Pedro ministrava o seu ensino conforme as necessidades, sem estar a atender a qualquer ordem, e por isso Marcos não foi culpado, pois se limitava a escrever o que ouvia. O seu cuidado era nada omitir e não dizer senão a verdade".

A leitura do texto deixa claramente supor as circunstâncias em que a redação foi feita. Se Marcos explicou que o Jordão é um rio, se traduz à romana as expressões judaicas, se explica o uso de rituais de Israel, é porque os seus leitores não são apenas judeus, mas pagãos que desconheciam a Palestina, pessoas boas, mas pouco instruídas, que tinham necessidade que lhes pusessem "os pingos nos is".

Resta-nos acrescentar que existem divergências históricas embora pequenas, sobre a data em que os quatro Evangelhos foram escritos. Entretanto, o essencial é que foram escritos, e que até hoje não apareceu ainda outro código de moral que os superasse, o que atesta a sua autenticidade como revelação divina. A Doutrina Espírita completa, confirma esses Evangelhos, atestando — por Jesus durante suas confabu-

I – Ecos de um Passado de Lutas

lações com os discípulos — que é revelação divina, prosseguimento da Doutrina de Jesus.

O Evangelho escrito por Marcos contém 16 capítulos.

LUCAS

Até agora não nos foi possível obter sobre o terceiro evangelista nada além do que o livro *Atos dos Apóstolos* e a obra mediúnica relatam. Acrescentaremos, no entanto, que, segundo os dicionários históricos Lucas nasceu em Antioquia, a célebre cidade frequentada por Simão Barjonas e Paulo de Tarso, e morreu possivelmente, pelo ano 70.

Não obstante, voltamos à apreciação do historiador francês Daniel Rops, tão versado no assunto, sobre a figura simpática do evangelista da infância do Nazareno:

"Lucas é muito diferente (de Marcos). Literariamente falando, o seu livro (o *terceiro Evangelho*) é uma obra-prima, a primeira obra-prima que o Cristianismo pôde escrever entre as boas obras de alta literatura. A língua é um belo grego cadenciado, harmonioso e de delicado recorte. Através de todo o texto, adivinha-se um homem sensível, inteligente, artista e muito culto. As discussões teológicas não o preocupam muito, pois o que ele pretende é fazer sentir a presença viva do Cristo e fazer que o amem. E como alcança o que quer, esse evangelista do Bom Samaritano, da Pecadora Perdoada, do Filho Pródigo a quem o pai abre os braços, esse evangelista a quem Dante chamou 'o escriba da mansidão!'

Quem era esse Lucas? Naturalmente o 'médico querido' de quem Paulo nos fala várias vezes nas suas epístolas, o companheiro das grandes viagens do Apóstolo dos Gentios. Santo Irineu de Lyon afirma formalmente que Lucas escreveu 'o Evangelho que pregava Paulo'. Era um cidadão de Antioquia, ao corrente dos problemas do mundo e da cristandade, e exercia a Medicina; era, portanto, um homem de Ciência, acostumado a refletir, a trabalhar intelectualmente e a recorrer às fontes. Possuía, além disso, um grande talento e, assim, tinha todas as condições para realizar a obra que realizou.

Tendo chegado a Roma com Paulo, foi para os elementos superiores da comunidade romana que escreveu a sua obra? Foi, como hão de afirmar certas tradições, para a Igreja de Corinto, tão querida no coração do apóstolo? É, sem dúvida, cerca do ano de 63, que ele se lança ao trabalho. Por intermédio de Paulo, recolhera muitas matérias vindas diretamente dos

I – Ecos de um Passado de Lutas

apóstolos, e no decurso de estadias na Palestina, interrogara muitas testemunhas, talvez mesmo Maria, mãe do Senhor, que lhe poderia fornecer preciosos capítulos sobre a infância de Jesus e uma certa Joana, mulher de Cuza, intendente de Herodes.

Serviu-se certamente do texto de Marcos, que já aparecera, e que ele utilizou de forma visível, e de passagens traduzidas, de resumos parciais do texto arameu de Mateus. E, com intenções bem mais históricas do que os outros, conforme um plano refletido, publicou este livro que é talvez aquele que nos impressiona mais profundamente."

O *Evangelho de Lucas* contém 24 capítulos, um pouco menor, portanto, do que o de Mateus. Os *Atos dos Apóstolos* contém 28 capítulos.

MATEUS, BARTOLOMEU, SIMEÃO

É lamentável que não conheçamos de Mateus, o evangelista e apóstolo, que fora publicano, tão familiar aos estudos e meditações dos espiritistas que nos parece ter convivido com ele; a quem frequentemente recorremos, pedindo instruções às páginas do seu Evangelho tão rico de esclarecimentos; que sempre presente está nas oratórias que fazemos e, por isso mesmo, nas cerimônias de "culto do evangelho do lar"; é lamentável, repetimos, que, desse grande

Cânticos do Coração

amigo de todos nós, nada mais saibamos além do que se encontra em os quatro Evangelhos. Nem mesmo o local onde se deu a sua morte é conhecido.

Alguns historiadores modernos, no entanto, depois de muitas investigações e estudos aceitaram o testemunho de Santo Irineu de Lyon, que, em princípios do século 2, afirmava que "Mateus redigiu o seu Evangelho entre os palestinos, enquanto Pedro e Paulo pregavam em Roma, nos anos de 50 e 56". Foi, primeiro, feito em anotações ligeiras e depois posto em ordem e escrito em arameu. A versão seria bastante posterior.

Autores protestantes, no entanto, afirmam que o *Evangelho de Marcos* é o mais antigo e atribuem o aparecimento dos quatro Evangelhos um pouco mais tarde. Há também a notícia, dada por Eusébio de Cesareia, Rufino e Orígenes, que Mateus evangelizou na Etiópia, ao mesmo tempo que João ia para a Ásia e André para o "país dos Cítias", isto é, o sul da Rússia, a Crimeia atual. *O Evangelho segundo Mateus* contém 28 capítulos.

Do Apóstolo Bartolomeu sabe-se ainda menos. Era, certamente, um homem de bem, cujas boas qualidades e retidão de caráter se achavam à altura da missão de que fora investido junto a Jesus e aos demais apóstolos.

I – Ecos de um Passado de Lutas

Seria, com certeza, médium, como os demais, pois que recebeu o dom precioso do "Espírito Santo", o dom espiritual, concedido por Deus, que permite a comunicação geral com o mundo espiritual e ainda o poder de curar os enfermos e se impor aos espíritos inferiores e afastá-los da prática do mal. E curou os enfermos e expulsou os "demônios" (espíritos obsessores), e viajou, tal como os demais companheiros, a fim de difundir a Doutrina de Jesus, como apóstolo que era, investido de poderes idênticos aos dos demais servidores do Mestre.

Segundo ainda os mesmos historiadores cristãos, que tanto se preocuparam com o destino dos colaboradores do Nazareno, Bartolomeu evangelizou na Índia, enquanto seus companheiros de apostolado se dirigiram a outras partes do mundo para igualmente transmitirem as alvíssaras da Boa-nova.

Os dicionários históricos, levando em conta a palavra daqueles historiadores, explicam que Bartolomeu foi esfolado vivo e crucificado de cabeça para baixo, tal como Simão Pedro, sem, no entanto, apontarem o local onde se verificou o trágico acontecimento.

Quanto a Simeão, o filho de Cléofas — aquele discípulo que mereceu a honra de ter visto e falado com Jesus na estrada de Emaús, depois da ressurreição

— exerceu ele tarefas tão delicadas e dignas entre os cristãos de Jerusalém, que as podemos interpretar como legítimo apostolado no seio do Cristianismo nascente e já perseguido e martirizado pelas forças brutas do mundo.

Pouco se sabe dele, apenas existindo a indicação de que substituiu Tiago Alfeu na direção dos cristãos da Igreja de Jerusalém, depois da morte deste, tendo sido, portanto, o segundo vigilante da primitiva comunidade cristã daquela célebre cidade, e morreu crucificado na Transjordânia.

JOÃO, O EVANGELISTA

Todos os apóstolos de Jesus, a nosso ver, merecem a nossa comovida veneração. Com eles aprendemos a servir e a amar o Senhor, e, conquanto não passe pelo pensamento, nos compararmos a eles, temos de confessar que muito vimos aprendendo com os seus exemplos através de repetidas leituras e análises em *O Novo Testamento e na História do Cristianismo*, leituras estas tão fascinantes e emocionantes que não compreendemos como possam existir corações insensíveis às suas exposições.

Dentre os apóstolos, entretanto, há um que mais de perto emociona o coração. Seja pela sua juventude cheia de responsabilidades, pois era um

I – Ecos de um Passado de Lutas

adolescente quando começou a seguir Jesus, responsabilizando-se por um apostolado de primeira linha, seja pela ternura com que se refere ao seu Mestre, ou pela beleza do Evangelho que escreveu, onde compreendemos uma obra mediúnica de encantadora filosofia, o certo é que esse apóstolo é citado por todos que o têm conhecido como individualidade das mais cativantes dos primeiros tempos da história cristã.

Esse Apóstolo é João, o Evangelista, filho de Zebedeu e irmão de Tiago, o próprio fato de esses dois irmãos, os quais Jesus chamava "os irmãos boanerges", terem renunciado a tudo neste mundo, até mesmo à família, para se dedicarem a Jesus, como seus colaboradores na difusão da Boa-nova, dando até a vida como testemunho supremo de fidelidade à causa de Deus, em plena juventude, faz estremecer nosso coração. Porque, se João foi o único apóstolo do Senhor que não morreu martirizado, deu a própria vida em trabalhos e sacrifícios pela Doutrina que o Cristo trouxera do Alto até nós.

De João, dizem alguns adeptos do Espiritismo — talvez realmente convencidos por uma intuição que teria provindo do Alto até seus corações, ou servindo a mera especulação, tão própria da nossa ânsia de saber sobre as existências passadas, nossas e do próximo —

Cânticos do Coração

dizem que ele fora a reencarnação do profeta Daniel e, depois, renascido em Francisco de Assis, o doce servidor do Cristo, cognominado "o Cristo da Idade Média", que, com efeito, nos faz recordar o adolescente tornado apóstolo da primeira hora, enquanto Daniel revela a mesma doçura de caráter, a mesma ternura pelo Messias que devia vir, e que ele próprio profetizou com tanta propriedade.

Infelizmente, porém, pouco se sabe de João, além do que o *Novo Testamento* relata. Como todos esses admiráveis cidadãos do Cristo não foram considerados pela História oficial, dela merecendo um registro, é sempre a tradição cristã ou os relatórios dos primeiros doutores e escritores cristãos que nos trazem alguma coisa mais além do que os Evangelhos nos haviam dito.

Depois do congresso cristão realizado em Jerusalém, no ano 49, pouco se sabe dele, como, aliás, se soube dos demais apóstolos. Cerca do ano 67, no entanto, há notícias de que João se encontrava novamente em Éfeso, muito bem informado do movimento cristão de toda parte. Era venerado e sua palavra muito acatada nas comunidades cristãs, onde orientava e dirigia as atividades dos novos adeptos da Doutrina revelada pelo amado Mestre, que ele tão bem conhecera.

I – Ecos de um Passado de Lutas

Durante as perseguições aos cristãos, realizadas pelo Imperador Domiciano que governou o Estado romano do ano 81 ao 96, João sofreu, em Roma, segundo Tertuliano, o suplício do azeite a ferver, o que nos sugere que ele teria sido atirado a um vasilhame de azeite fervente, como mais tarde, foi de uso da Inquisição proceder com os seus condenados.

Escapou milagrosamente desse terrível suplício, mas foi deportado para a Ilha de Patmos, na Grécia, ainda por ordem do mesmo imperador. Ora, meditando sobre o fato, somos levados a crer que, se isso foi real, como sinceramente acreditamos, ele teria o corpo queimado pela ação do azeite fervente.

O Imperador Domiciano, em verdade, chamava-se Tito Flávio Domiciano, era filho do velho Imperador Vespasiano e irmão do Imperador Tito, a quem sucedeu no trono (Tito Flávio Sabino, cognominado "as delícias do gênero humano"), o mesmo que, quando ainda general, arrasou Jerusalém e destruiu o célebre Templo, cujas muralhas ainda hoje existem, fato ocorrido no ano 70. Domiciano, a princípio, governou com moderação. Mas depois tornou-se cruel. Foi considerado semelhante a Nero pelos cronistas da época. Do ano 92 ao 96 perseguiu os cristãos cruelmente e foi também chamado

Cânticos do Coração

"o último dos césares"; e pertencia, como vemos, à dinastia dos Flávios.

Ora, no ano de 96, logo depois da morte de Domiciano, João foi libertado do degredo da Ilha de Patmos pelo Imperador Nerva (Marco Caccio Nerva, dinastia dos Antoninos), o qual, infelizmente para os cristãos, governou apenas dois anos, tal como Tito, "com moderação e talvez justiça", no dizer dos seus biógrafos, e foi favorável aos cristãos, bondoso e tolerante.

Libertado da Ilha de Patmos, João retornou a Éfeso, onde novamente é encontrado pelos antigos historiadores cristãos percorrendo todas as regiões vizinhas, orientando os núcleos cristãos. Era, portanto, uma espécie de mentor, de instrutor de cristãos pretendentes ao ingresso na Doutrina. Foi, certamente, por essa ocasião, cerca do ano 102 a 106 (não há certeza absoluta do ano exato), que escreveu o seu admirável *Evangelho* e as *Epístolas*, repetindo, como regra de lei, já muito velho, o conselho que se tornou célebre até nossos dias: "Meus filhos, amai-vos uns aos outros: eis o preceito do Cristo".

Quanto ao *Apocalipse*, foi, certamente, na Ilha de Patmos que ele o escreveu. Pelo menos foi ali que obteve as visões que motivaram o interessante livro,

I – Ecos de um Passado de Lutas

pois ele próprio o afirma no início do mesmo. Esse livro é visivelmente mediúnico, recebido através de transes pronunciados de arrebatamento do espírito do seu fardo carnal e na linguagem viva, figurada, tão usada na vida espiritual, transe igualmente obtido por alguns médiuns atuais, adeptos da Doutrina Espírita. Até hoje, no entanto, o mesmo livro tem sido mal compreendido e interpretado, principalmente pelos chefes de religiões. Repleto de fatos pertinentes à Doutrina Secreta, ou Doutrina Esotérica, os espíritas e, principalmente, os médiuns têm mais facilidade de penetrar-lhe o sentido, sendo necessário, para isso, possuir auxílio espiritual ou a "chave esotérica".

O historiador contemporâneo Ernest Renan opina que "o *Apocalipse* relata fatos da época em que foi escrito, e que é um livro essencialmente judaico, organizado segundo retalhos dos ensinamentos dos profetas do *Velho Testamento*". Não obstante, não se pode negar que esse belo livro encerra importantes fatos mediúnicos e profecias que vemos se realizarem atualmente.

João evangelizou longamente pela Ásia, e o próprio livro dos *Atos dos Apóstolos* informa isso: e, uma vez que visitou Roma "e aí sofreu muitas provações", provavelmente também ali evangelizou, visto

Cânticos do Coração

que o trabalhador do Senhor não perde tempo e divulga a sua doutrina durante viagens a que se aventura.

Ao que parece, João não tinha intenção de escrever nenhum Evangelho. Mas fê-lo atendendo às insistências das comunidades cristãs, visto que foi dos mais dedicados apóstolos que conviveram com Jesus. Escreveu-o, já em idade muito avançada, como se fossem suas memórias, e tratou, principalmente, da feição filosófico-espiritual da Doutrina do Cristo.

Os espíritas podem reconhecer em suas páginas a ação mediúnica que visivelmente atesta inspiração do próprio Jesus Cristo ao seu discípulo amado, ou de outra individualidade superior em espiritualidade, e não dele próprio. Por essa razão o seu Evangelho pode ser considerado "obra de um místico". O certo, porém, é que o mundo, por ser materialista, não aceita com agrado nenhuma obra que trate da face espiritual das coisas.

Segundo os historiadores, João escreveu o seu Evangelho em grego normal, simples, que todos falavam, pois o grego era a língua corrente daquele tempo, como o inglês e o francês o são hoje para o mundo moderno.

Aos historiadores cristãos Tertuliano e Clemente de Alexandria devemos as notícias sobre esse

I – Ecos de um Passado de Lutas

grande apóstolo de Jesus Cristo, assim como à tradição cristã.

Segundo a mesma tradição, João foi o único apóstolo de Jesus que não morreu supliciado. Seu Evangelho conta 21 capítulos e não pertence ao quadro dos Evangelhos sinópticos, isto é, não pode ser comparado em paralelo com o de Mateus, o de Marcos e o de Lucas, por ser diferente destes.

Escreveu também *três epístolas* e, ao lermos essas páginas sublimes, escritas com o coração voltado para o seu e o nosso Mestre, sentimos que ali ele está redivivo, guiando-nos como outrora guiava os candidatos ao ingresso na Boa-nova do Senhor.

E um sopro de alegria e paz perpassa pelo nosso coração...

SIMÃO PEDRO

Quando, a sós comigo mesma, em minhas horas de meditação sobre esses tempos gloriosos, vem ao meu pensamento a lembrança desse venerável apóstolo do Senhor, uma emoção forte, de respeito e admiração, perturba o meu espírito. Pedro! Aquele sobre quem as responsabilidades absolutas caberiam para a expansão da doutrina que do Infinito descera para socorrer os homens, de fato impressiona e atemoriza.

Cânticos do Coração

Quando estaremos nós à altura das responsabilidades que pesaram sobre os ombros daquele pescador galileu, pelo próprio Mestre?

Não mais importa que, naquela noite dramática da condenação do Messias, ele a este negasse três vezes, antes do galo cantar, página aflitiva que o nosso coração tem lido tantas vezes, vivendo também as mesmas horas de expectativa dolorosa! E o que sofreu depois daquele acontecimento? E os martírios ininterruptos, até morrer? E as vergastadas, e os açoites, ferindo até a própria boca, e as prisões, e os maus tratos, e a abnegação, o amor, a fé, o trabalho excessivo, a dedicação sem limites, e os martírios jamais renegados, e a caridade e a coragem, e as lágrimas tantas vezes vertidas, a humildade da morte numa cruz?

Simão Barjonas, pescador galileu, pequeno e obscuro, requisitado pelo próprio Jesus para seu Apóstolo, chamado Pedro (Cefas) por esse mesmo emissário de Deus, em quem confiou este para chefe de um movimento que modificaria suas criaturas! Os feitos por ele realizados são bastante conhecidos, assim como as perseguições e os martírios que desde os primeiros dias padeceu, os quais suportou com heroísmo, confiante na palavra do Mestre, sem jamais vacilar na decisão de servir à causa santa que abraçou, isto é, a conversão dos homens ao bem pela evangelização cristã.

I – Ecos de um Passado de Lutas

Quem lê *Atos dos Apóstolos* e as *Epístolas* poder-se-á inteirar da incansável atividade desse apóstolo, que a tudo renunciou e sacrificou pela difusão da doutrina exposta por Jesus. Ele e Paulo de Tarso, certamente, foram os maiores vultos da propagação da Boa-nova, dentre os demais trabalhadores que igualmente se sacrificaram pelo mesmo ideal.

Segundo dados históricos de Eusébio de Cesareia, tão citados pelos historiadores modernos, sua morte deve ser colocada entre os anos de 67 e 68, em Roma.

A primeira perseguição aos cristãos, verificada em Roma, teve lugar a 15 de agosto de 64 e sabe-se que ambos ainda viviam depois dessa imensa tragédia. Como ninguém ignora, essa primeira perseguição realizou-se através da "festa nos jardins de Nero", onde a iluminação foi feita com os corpos dos cristãos vivos, embebidos em resina e pregados em postes, sendo aí queimados a fim de iluminarem as alamedas enquanto Nero e seus convidados se divertiam.

Renan indica a data de 1 de agosto para esse fato.[6] Daniel Rops indica o dia 15 do mesmo mês. Há,

---

[6] Emmanuel revela que o incêndio irrompeu na manhã de 16 de julho de 64.

portanto, divergências de historiadores sobre a data. Mas, uma vez que o incêndio de Roma teve, segundo alguns, lugar a 28 ou 29 de julho, é bem possível que a "festa" fosse a 15 de agosto mesmo, e não a 1, porque com apenas dois dias não se preparariam festejos daquele tipo contra os pobres cristãos.

O eminente cristão Clemente Romano, que foi o substituto de Pedro na direção do núcleo cristão de Roma, assim como o grande escritor Tácito, foram testemunhas oculares daquelas atrocidades ordenadas pelo Imperador Nero (Lúcio Domício Cláudio Nero governou do ano 54 a 68), sendo o último, então, apenas uma criança pela ocasião. Posteriormente, ambos afirmaram que o "excesso de atrocidade provocou em todas as consciências um pouco de piedade pelos cristãos".

Existem, porém, divergências históricas sobre o local onde o Apóstolo Pedro foi supliciado. A tradição mais constante afirma que o apóstolo foi executado no Circo de Nero, ou em local muito perto, nas proximidades da Vila Cornélia. Tal versão é, talvez, aceitável, se lembrarmos que "o Circo de Nero era apropriado para tais execuções, que muitas cruzes eram suspensas ali e que o suplício dos cristãos era uma série de espetáculos oferecidos ao público, como divertimentos festivos".

I – Ecos de um Passado de Lutas

Historicamente, porém, não se pode afirmar com certeza em qual dos dois lugares Pedro foi executado. No entanto, sabe-se que ele foi crucificado e que, humildemente, pediu aos executores que colocassem a cruz, onde seria pregado, de cabeça para baixo, a fim de se diferenciar do seu Mestre Jesus, pois não se sentia digno de sofrer a mesma morte que este sofrera.

Pelas leis romanas, Pedro nada mais seria do que um mendigo e não houve dúvidas em condená-lo ao suplício da cruz, morte infligida aos malfeitores vulgares e aos escravos.

As informações sobre o local em que foi sepultado seu velho corpo também divergem. Aponta-se um cemitério próximo ao local do martírio, e que, já no século 3, por ocasião da perseguição movida pelo Imperador Valério, seus restos mortais foram transportados para as "catacumbas de São Sebastião", na Via Ápia, para onde teriam sido levados também os despojos de Paulo de Tarso, decapitado "perto da Via Ostiana".

Não há, porém, concordância de noticiário sobre a época em que o corpo do grande apóstolo foi conduzido para as chamadas "grutas vaticanas", isto é, nos subterrâneos da basílica que tem o seu nome em Roma.

Cânticos do Coração

No entanto, existem versões que indicam o século 4 como a época para a referida trasladação.

Assim se expressam os historiadores, às vezes, com detalhes atraentes para os que se interessam por esses fatos que de tão perto tocam o coração dos cristãos e, logicamente, também o coração dos espíritas.

Mas o que é certo, e o que ainda é mais importante, é que a vida do Apóstolo Pedro foi consagrada ao mais sublime feito de que se tem memória neste mundo. Que a obra que ele e seus heroicos companheiros deixaram — os exemplos de firmeza na fé, de fidelidade aos princípios da Doutrina de Jesus, de amor e dedicação — estão conosco, auxiliando nossa reeducação moral-espiritual para que, um dia, também nos tornemos dignos de ser contados entre o número dos fiéis discípulos do Cristo de Deus, como o foram os seus apóstolos e os mártires que o seguiram.

No ano 312, Constantino, o guerreiro ilírio, vencendo a batalha da ponte Mílvia contra Maxêncio, tornou-se o único imperador de Roma.[7] Pouco depois de sua vitória põe fim às perseguições contra

---

[7] A antiga Ilíria era situada onde se erguia a Sérvia e hoje se localiza a Sérvia e Montenegro (antiga Iugoslávia) e alguns demais países vizinhos.

I – Ecos de um Passado de Lutas

os cristãos, restitui-lhes os bens da comunidade, que haviam sido confiscados, extingue o suplício da cruz e estabelece a liberdade de culto religioso para todos os cidadãos do Império. E tudo se prepara, durante seu governo, para que Teodósio I, o Grande, oficialize o Cristianismo como religião do Estado, a 28 de fevereiro de 380.

Durante cerca de quatro séculos, desde a morte de Estêvão, pois outras perseguições advieram depois de Constantino, sofreram os cristãos todas as angústias, todos os martírios possíveis, por toda parte. Mas, uma vez oficializado o Cristianismo como religião do Estado, começou a decrescer a sua pureza primitiva. Inovações teológicas, ideias e paixões pessoais, interpretações errôneas sobre a essência da excelsa religião cristã, conveniências humanas, políticas, infiltrações do paganismo e outras crenças, concessões perigosas dos responsáveis pela sua propagação, discórdias e até ódios entre cristãos, tudo contribuiu para o abastardamento da doutrina e a sua decadência, até os dias atuais.

Cumpre ao Consolador, ou Doutrina dos Espíritos, levantar dos escombros das paixões humanas a pureza primitiva dessa grande doutrina, reavivando-a para o bem da moral humana, pois para isso foi ele

Cânticos do Coração

concedido ao homem pela generosidade do Alto. E é o que os espíritas cristãos tentam fazer... se seus esforços não forem interceptados pelas mesmas causas que abastardaram o Cristianismo depois de tantos sacrifícios dos seus mártires.

Entretanto, é bom não esquecer de que, para que hoje possamos ter o direito de expandir o nosso ideal cristão e espírita aos quatro ventos, sem sermos molestados, foi preciso que aqueles mártires sofressem todas as aflições, que a sacrifícios ininterruptos se arrojassem e que o martírio em múltiplas formas os atingisse fazendo correr o seu sangue generoso como sinal de abnegado testemunho à Doutrina do Cristo de Deus.[8]

E agora, quando os testemunhos a que somos chamados a prestar à mesma doutrina são tão fáceis porque somente nos é pedida a boa vontade para compreender e acertar, nos dias atuais, quando nós outros vivemos protegidos pela liberdade de pensamento, com direito a amarmos a Deus e ao próximo conforme entendermos, voltemos o coração para a memória daqueles mártires que lá ficaram, nas dobras do passado, e digamos, como em prece:

---

[8] Ver *O Livro de Daniel*, 2:45 e 9:25 a 27, no *Antigo Testamento*.

I – Ecos de um Passado de Lutas

"Muito obrigado, irmãos, pelos exemplos que nos deixastes com a dedicação e a fidelidade à Doutrina do Cristo.

Que Deus vos abençoe!"

"Bem-aventurados os que padecem perseguição por amor da justiça, porque deles é o Reino dos Céus." (Mateus, 5:10.)

Capítulo II

NO CAMINHO DE EMAÚS

A PRESENÇA DO CRISTO

Quando nos dispomos a meditar sobre Jesus, sobre os feitos que realizou, sobre a doutrina que ensinou e os acontecimentos que giraram em torno dele, mais se agiganta a certeza de que ele continua presente neste mundo. Quanto mais estudamos sua vida e meditamos sobre sua doutrina, melhor nos capacitamos disso e melhor sentimos sua respiração constante. Em várias passagens dos Evangelhos ele próprio prometeu estar conosco: "Não vos deixarei órfãos". (João, 14:18.)

"As minhas ovelhas ouvem a minha voz; eu as conheço e elas me seguem; eu lhes dou a vida eterna; elas jamais hão de perecer e ninguém as arrebatará da minha mão." (João, 10:27 e 28.)

Cânticos do Coração

"Pai, a minha vontade é que, onde eu estou, estejam também comigo os que me deste." (João, 17:24.)

A ressurreição deu novo alento a essas promessas. Apareceu a Maria Madalena, no terceiro dia após a crucificação; a Cléofas e ao seu companheiro na estrada que levava a Emaús; aos discípulos reunidos em Jerusalém, e, depois, às margens do Mar da Galileia, não perdendo a oportunidade de nos inclinar ao processo moral através do amor e do trabalho no bem.

Os apóstolos, assim como aqueles numerosos discípulos que também o viram posteriormente, mas cujos nomes nem os Evangelhos nem a História registram, sentiram tão vivamente a presença de Jesus, depois da ressurreição, que se reanimaram do desânimo sofrido com a sua morte, sentindo, então, forças espirituais a impeli-los à difícil tarefa da difusão da Doutrina do Mestre, sem medir sacrifícios. E, por isso, bem cedo se compreendeu que a vitória do Cristianismo se alicerçou na ressurreição de Jesus Cristo.

A amada presença foi sentida também por todos aqueles que iam aceitando a "palavra". Lendo a História do Cristianismo primitivo, compreendemos que um impulso singular impelia os primeiros cristãos

II – No Caminho de Emaús

a arredarem os percalços e perigos que se antepunham aos seus passos. E outro motivo não foi senão a certeza do reencontro com Jesus, que levou os cristãos dos primeiros séculos a preferirem a morte nos circos de Roma, ou de outras localidades, a renegarem o Cristo em troca da glória dos deuses cultuados pelos romanos. Estaria, pois, com eles o Mestre, sempre presente, nas reuniões domésticas como nas vias públicas, quando eram assaltados e mortos pelos fanáticos de Júpiter ou de Apolo; eles o sentiam nas sombras das catacumbas de Roma ou do Oriente, quando ali se ocultavam às perseguições.

A arena dos circos é a prova que a História registrou quando, impávidos e serenos, testemunhando fé impressionante — que admirava até mesmo os próprios juízes e o povo — enfrentavam as feras e por elas eram abatidos, quando era certo que, se abjurassem o Cristo para aceitarem Júpiter, nada lhes aconteceria.

E hoje, quando as perseguições religiosas não mais existem para obrigarem à abjuração, continuamos sentindo a presença do Mestre sempre que socorremos o órfão e o velho sofredores; quando curamos o obsidiado ou encaminhamos o obsessor para a luz maior; quando enxugamos a lágrima do coração martirizado pela dor moral ou vencemos em nós mesmos uma tentação; quando perdoamos uma ofensa ou obtemos a palavra sempre bem-vinda de um amigo do Além; quando, orando, sentimos os benditos eflúvios do Alto, sussurrando ao nosso coração a necessidade de continuarmos na trilha programada pelo Senhor, ou quando uma renúncia necessária qualquer conseguimos fazer, a fim de mais livres nos tornarmos para nos aproximarmos sempre mais dele mesmo, que nos disse: "Eis que estarei convosco até a consumação dos séculos".

O discípulo fiel de Jesus chega a um ponto que, por assim dizer, se identifica com ele, passando a senti-lo em si próprio, como sucedeu a Francisco de Assis e a Paulo de Tarso que disse em sua *Epístola aos Gálatas* 2:20): "Já não sou eu quem vive, mas Cristo que vive em mim".

A NARRATIVA DE LUCAS

Ora, o capítulo 24 do Evangelista Lucas, versículos 13 a 35, descreve um dos muitos atraentes episódios em torno de Jesus, depois do drama da cruz. É a sua aparição — materialização perfeita — na estrada que conduzia de Jerusalém a Emaús, dois de seus discípulos mais humildes.

A narrativa nem mesmo declara o nome de um deles, pois sabemos que Lucas escreveu o seu Evangelho valendo-se de informações obtidas

II – No Caminho de Emaús

de várias fontes, inclusive da Excelsa Mãe, visto não ter convivido com Jesus e nem mesmo residido em Jerusalém por aquela época. Por essa razão, sabemos que um desses dois discípulos chamava-se Cléofas e que um dos seus filhos, o de nome Simeão, substituiu Tiago Alfeu no apostolado cristão de Jerusalém, após a morte deste apóstolo. Quanto ao outro, o Evangelho diz apenas que era "o companheiro de Cléofas".

Emaús era uma pequena aldeia distante de Jerusalém "sessenta estádios", segundo a narrativa de Lucas (cerca de doze quilômetros), mas que, posteriormente, alguns estudiosos, fiéis a uma antiga tradição, julgaram afastada de Jerusalém "cento e sessenta estádios".

No decurso dos apontamentos do evangelista, entretanto, veremos que a mais provável é mesmo a versão de Lucas, pois "cento e sessenta estádios" (cerca de trinta quilômetros) seria difícil para um homem vencer no mesmo dia, duas vezes, caminhando, conforme a narrativa evangélica. Eis, porém, a bela exposição de Lucas, feita em 23 versículos, do 13 ao 35:

"Naquele mesmo dia, dois deles estavam a caminho de uma aldeia chamada Emaús, distante de Jerusalém sessenta estádios. E iam conversando a respeito de todas as coisas sucedidas. Aconteceu que,

Cânticos do Coração

enquanto conversavam e discutiam, o próprio Jesus se apresentou e seguiu com eles. Os seus olhos, porém, estavam como que impedidos de o reconhecerem. Então, Jesus lhes perguntou:

'Que é isso que vos preocupa e de que ides tratando à medida que caminhais?' E eles pararam entristecidos. Um, porém, chamado Cléofas, respondeu, dizendo: 'És o único, porventura, que, estando em Jerusalém, ignora as ocorrências destes últimos dias?' Ele lhe respondeu: 'Quais?'

E explicaram o que aconteceu a Jesus, o Nazareno, que era varão profeta, poderoso em obras e palavras, diante de Deus e de todo o povo, e como os principais sacerdotes e as nossas autoridades o entregaram para ser condenado à morte e o crucificaram. 'Ora, nós esperávamos que fosse ele quem haveria de redimir Israel; mas depois de tudo isso, é já o terceiro dia desde que tais coisas sucederam. É verdade também que algumas mulheres das que conosco estavam nos surpreenderam, tendo ido de madrugada ao túmulo e, não achando o corpo de Jesus, voltaram dizendo terem tido uma visão de anjos, que afirmam que ele vive. De fato alguns dos nossos foram ao sepulcro e verificaram a exatidão do que disseram as mulheres, mas a ele não viram'.

II – No Caminho de Emaús

Então lhes disse Jesus:

"Ó néscios e tardos de coração para crer tudo o que os profetas disseram! Porventura não convinha que o Cristo padecesse e entrasse na sua glória?" E, começando por Moisés, discorrendo por todos os profetas, expunha-lhes o que a seu respeito constava em todas as Escrituras.

Quando se aproximavam da aldeia para onde iam, fez ele menção de passar adiante. Mas eles o constrangeram, dizendo: "Fica conosco, porque é tarde e o dia já declina". E entrou Jesus para ficar com eles.

E aconteceu que, quando estavam à mesa, tomando ele o pão, abençoou-o, e, tendo-o partido, lhes deu; então se lhes abriram os olhos e o reconheceram; mas ele desapareceu da presença deles. E disseram um ao outro: "Porventura não nos ardia o coração, quando ele pelo caminho nos falava, quando nos expunha as Escrituras?" E, na mesma hora, levantando-se, voltaram para Jerusalém, onde acharam reunidos os onze e outros com eles, que disseram: "O Senhor ressuscitou e já apareceu a Simão!"

Então os dois contaram o que lhes acontecera no caminho, e como fora por eles reconhecido "no partir do pão".

Cânticos do Coração

A narrativa continua, porém, com os versículos 36 a 43, do mesmo evangelista.[9]

"Falavam ainda estas coisas quando Jesus apareceu no meio deles e lhes disse: A paz seja convosco!"

Eles, porém, surpresos e atemorizados, acreditavam estar vendo um espírito. Mas ele lhes disse: "Por que estais perturbados? E por que sobem dúvidas aos vossos corações? Vede as minhas mãos e os meus pés, sou eu mesmo! apalpai-me e verificai, porque um espírito não tem carne nem ossos, como vedes que eu tenho".

Dizendo isso, mostrou-lhes as mãos e os pés. E como, por causa da alegria que sentiam, ainda não podiam acreditar e continuavam admirados, Jesus lhes disse:

"Tendes aqui alguma coisa de comer?" Então lhe apresentaram um pedaço de peixe assado e um favo de mel. E ele comeu na presença deles.

Conforme acabamos de ver, a aparição de Jesus aos dois discípulos, na estrada de Emaús, possui todas as características das aparições que atualmente são verificadas entre nós, espíritas e não espíritas.

---

[9] Ver também João, 20:19 a 23. Tradução de João Ferreira de Almeida.

II – No Caminho de Emaús

Afirmam todos os possuidores do dom de vidência que, muitas vezes, veem e conversam com espíritos desencarnados, mas, nesse momento, são dominados por um tão singular estado de abstração que não só deixam de identificar a entidade com quem conversam, como até mesmo não percebem de pronto que se trata de um espírito. Subitamente, porém, esse estado singular é suspenso, o vidente identifica aquele a quem está vendo, mas este desaparece imediatamente, não mais ensejando a conversação.

Trata-se, certamente, do transe mediúnico, embora leve — pois isso pode acontecer até mesmo em plena rua, ou num passeio, como sucedeu aos dois discípulos e como sucede a vários videntes da atualidade — ou um estado vibratório propício à positivação do fenômeno.

Na bela narrativa de Lucas, vimos que Cléofas e seu companheiro reconheceram o Mestre, em Emaús, "no partir do pão", o que leva a crer que Jesus possuía um modo especial de partir o pão e que disso mesmo, talvez, tenha se valido a fim de, discretamente, identificar-se.

Por sua vez, o Evangelista João, no seu capítulo 20:24 a 29; particulariza o fato de que, nesse dia, o Apóstolo Tomé não se achava presente entre os demais, em Jerusalém. Oito dias depois, no entanto, estando todos os apóstolos reunidos, tornou o Mestre a aparecer. Tomé estava então presente e deu-se o fato desse apóstolo verificar as chagas que Jesus trazia assinaladas no seu corpo espiritual, e aceitar a ressurreição.

Como, porém, Jesus poderia conservar o sinal de chagas em seu corpo espiritual, se era espírito da mais alta categoria e por isso não poderia conservar nenhum complexo mental, traumatismo vibratório próprio de espírito impressionável?

É que Jesus era o Mestre, e a aparição, tal como foi, serviria de instrução não só aos seus apóstolos, como também à Humanidade, através do tempo, chamando-nos a atenção para o caráter transcendental de sua vinda à Terra.

A vitória da Doutrina Cristã deveria assentar-se na ressurreição do seu Mestre, por isso seria necessário que ele apresentasse provas da própria imortalidade. Certamente, ele não conservaria as chagas sofridas no sacrifício da cruz, refletidas no seu corpo espiritual, como sucede ao comum das criaturas, que conservam no perispírito os reflexos dos acidentes sofridos no corpo, em determinadas circunstâncias. Apresentou-as, porém, em ocasião necessária,

II – No Caminho de Emaús

valendo-se de um ato da própria vontade, a fim de identificar-se aos seus apóstolos exatamente como o mesmo de antes do Gólgota, e convencer Tomé, que era incrédulo, sobre a vida espiritual. Era ele próprio que ali se encontrava.

Os discípulos de Emaús não perceberam as chagas, assim como as mesmas não foram notadas em outras reuniões em que Jesus se permitiu aparecer aos apóstolos e discípulos, visto que não há referências sobre elas nos Evangelhos, fora daquela reunião. É fácil tal observação, lendo-se, com atenção, os episódios da ressurreição do Senhor.

Todos esses fatos são concordes aos exemplos tão conhecidos, expostos pela Doutrina Espírita. Os códigos espíritas assinalam que um espírito que se deseja identificar aos homens, retoma no aspecto físico qualquer particularidade que possuísse na existência em que foi conhecido daquele a quem se mostra. De outra forma, os apóstolos e discípulos de Jesus tinham a missão de difundir a Doutrina do seu Mestre. Este sabia que aqueles sofreriam atrozes perseguições a fim de cumprirem a missão. Sabia que eles precisariam ser intimoratos para enfrentar suplícios, bem como a morte ignominiosa. Seria necessário, portanto, que uma convicção ardente na eterna presença do Cristo,

Cânticos do Coração

uma esperança vigorosa na continuação da vida além da morte os fortalecessem para o heroico ministério.

Nos dias atuais, entre os espíritas, não é de se esperar a mesma esperança, alentando-lhes as forças para a conquista do ideal supremo?

Não são também comprovados fatos idênticos aos verificados nos tempos de Jesus?

Curas, aparições, materializações de espíritos, conversações com entidades desencarnadas, etc., comprovando a verdade evangélica, a verdade do mundo espiritual?

E não são exatamente tais fatos que nos revigoram durante as lutas, as provações e os sacrifícios pela doutrina, impelindo nossas almas a continuarem difundindo a mesma Boa-nova, a esperança construtiva?

Jesus, pois, continua entre nós até hoje, como esteve entre os seus apóstolos desde o início da sua missão. Ele próprio prometeu estar presente, quando disse:

"Em verdade também vos digo, que se dois dentre vós, sobre a Terra, concordarem a respeito de qualquer coisa que porventura pedirem, isso lhes será concedido por meu Pai que está nos céus.

II – No Caminho de Emaús

Porque, onde estiverem dois ou três reunidos em meu nome, ali estou no meio deles." (Mateus, 18:19 e 20.)

O episódio da estrada de Emaús é uma constante na estrada de nossas vidas. O Mestre está conosco.

Capítulo III

A POESIA EDUCATIVA

> *"O verdadeiro poeta é um espírito dotado de sensibilidade superior..."*

A poesia é uma das mais belas artes que honram a cultura humana. Ela tem servido e exaltado os feitos e as ações mais nobres que os homens têm conseguido realizar.

O Evangelho, a religião, o amor, a caridade, o heroísmo, o civismo, a dor, a virtude, a beleza, a alegria, a natureza, a própria ideia de Deus, etc., sempre serviram de temas para a consagração dos verdadeiros poetas, que souberam sentir e interpretar as impressões que tais sentimentos produzem na alma humana.

O verdadeiro poeta é um espírito dotado de sensibilidade superior, sensibilidade desenvolvida, certamente, por dons especiais, através de múltiplas etapas reencarnatórias ou mesmo através de seguidos aprendizados na vida espiritual.

Cânticos do Coração

É uma alma cujas vibrações se harmonizam com as vibrações das esferas espirituais superiores, onde a arte pura mantém o seu domínio.

Um Virgílio, um Ovídio, um Horácio, um Dante, um Petrarca, um Milton ou um Camões não serão, certamente, homens comuns, mas almas trabalhadas pela dor, exiladas na matéria terrena para ensinar aos homens os caminhos do belo, que também é virtude, enquanto Deus é a suprema expressão da beleza e nós, suas criaturas, precisaremos conhecer, sentir e expressar Deus em mais essa faceta da sua imensidão.

Muitos poetas são médiuns, como também o são os gênios da música, que obtém dos planos artísticos do mundo espiritual a inspiração para os versos e as melodias que produzem. Os poemas e as partituras, então, se desprendem da sua pena naturalmente, em descrições e narrativas, acordes e harmonias que encantam e enaltecem o leitor e o ouvinte instruindo-os, confortando-os, guiando-os para o mais perfeito. Dir-se-ia que suas almas cantam um cântico celeste envolto em harmonias puras, em melodiosos ritmos que traduzem a beleza ideal dos pensamentos que recebem do Infinito... porque a poesia é também música e a música também é poesia.

III – A Poesia Educativa

Mas será em vão que alguém deseje ser poeta sem possuir esse precioso dom. Forçar esse dom sem possuí-lo é produzir maus versos, sem inspiração, sem beleza, sem aquela ardência celeste que neles imprime a verdadeira vida da poesia. Mesmo aqueles que são dotados dessa faculdade precisarão estudar longamente as suas regras gramaticais a fim de conseguirem produzir boas peças poéticas, cultivar o dom com amor, fé e paciência, destituídos da pretensão de forjá-lo quando ele realmente não existir. Semelhante pretensão, repetimos, apenas produzirá maus versos, abastardando a nobre arte, que de nosso coração merece todo respeito e toda veneração.

A poesia possui também as suas regras gramaticais próprias, a sua, por assim dizer, gramática específica, obrigatória, indispensável ao conhecimento daquele que deseje ser um poeta autêntico. Convém, pois, consultar a respeito os bons tratados de literatura poética, observar exemplos e aceitar as observações dos bons mestres do assunto, pois os temos muito capacitados no Brasil, e ler constantemente os bons poetas, visto que também o ouvido auxilia o aprendizado, retendo o ritmo musical existente nos bons versos.[10]

---

[10] Ver *Curso Prático da Língua Portuguesa e sua Literatura*, Tomo IV, de Jânio Quadros.

Cânticos do Coração

A poesia moderna, ou ultramoderna, porém, não observa tais exigências a rigor, o que faz com que escasseiem os bons poetas. É, por isso mesmo, quando o exagero é exercido, uma versão bastarda da verdadeira poesia, daquela poesia que eclodiu da inspiração superior dos gênios que souberam elevar com as suas produções a mente e os corações alheios, oferecendo-lhes o que de melhor poderia existir no pensamento humano.

Contudo, muitos bons poetas modernos, bem inspirados e agradáveis de serem lidos, o mundo possui, dignos de nosso acato e da nossa admiração. Nesses, a verdadeira inspiração, a espontaneidade brilhante substitui a forma clássica antes obrigatória. Mas, de qualquer forma, o espírita deverá preferir para as suas produções poéticas a maior perfeição possível. Não esqueçamos de que tratamos de Evangelho e Revelação Espírita, ambos clássicos, sublimes, que não poderão sofrer o insulto de um abastardamento nem mesmo na forma de os conduzirmos para a sua difusão.

Música, poesia, literatura evangélico-espíritas deverão apresentar elevado grau de arte, beleza e moral, quer na forma, quer na essência. O exemplo disso está na obra mediúnica que desde os tempos da codificação até o presente tem apresentado produções

III – A Poesia Educativa

literárias excelentes, quando autenticamente provindas dos mestres espirituais.

O Espiritismo, nenhum adepto o ignora, tende a corrigir todos os aspectos errôneos do caráter e da sociedade humanos, razão pela qual o jovem espírita, que será o esteio do movimento espiritista futuro, deverá ficar a par da imensa, da grande responsabilidade que pesará sobre os seus ombros e a sua consciência. E uma das faces será o zelo pelas letras espíritas em geral, que se deverão conservar da melhor qualidade possível, na forma como na essência, brilhantes e sadias, como as inteligências superiores da espiritualidade as têm modelado através do mecanismo psicográfico ou da simples inspiração.

Sobre os gênios da arte que têm enriquecido o mundo com as suas produções, os poetas inclusive, diz Léon Denis, o grande escritor e inspirado espírita tão admirado, na sua imortal obra *No Invisível*, capítulo 26:

Schlegel, falando dos gênios, formula esta pergunta: "Serão verdadeiramente homens, esses homens?

São homens, sim, em tudo que têm de terrestre, por suas fraquezas e paixões. Padecem todas as misérias da carne, as doenças, as necessidades, os desejos

Cânticos do Coração

materiais. O que, porém, os faz mais que homens, o que neles constitui o gênio, é essa acumulação dos tesouros do pensamento, essa lenta elaboração da inteligência e do sentimento através de inúmeras existências, tudo isso fecundado pelo influxo, pela inspiração do Alto, por uma assídua comunhão com os planos superiores do Universo. O gênio, sob as mil formas que reveste, é uma colaboração com o invisível, uma assunção da alma humana à Divindade".

Se, portanto, amamos as belas letras e com elas desejamos servir à causa da reeducação do próximo, ao mesmo tempo que servimos o nosso ideal espírita, cumpre nos esforçarmos por engrandecer ao máximo a parte que nos cabe, procurando produzir o melhor que pudermos e jamais contribuindo para o rebaixamento da arte clássica, única aprovada e praticada nas esferas superiores, de onde jorra a inspiração para os de boa vontade e sãos de espírito.

Muitos aprendizes espíritas gostam de versejar mediunicamente sem, contudo, estarem para tanto preparados. Basta que se desenvolvam em psicografia, ou, simplesmente, que sintam vontade de ser poetas espíritas, para que entrem a produzir versos. O resultado, porém, é lamentável, porque nada produzem de bom e útil e ainda desacreditam

III – A Poesia Educativa

a literatura mediúnica e a própria mediunidade. A psicografia é uma faculdade importante, bela, mas subdivide-se muito e contém especialidades, como os demais dons mediúnicos.

Pelo fato de alguém ser médium psicógrafo não quer dizer que receba literatura em prosa ou em verso. Para que tal aconteça é necessário que ele possua o dom especial para o feito, trazido de outras etapas reencarnatórias ao renascer.

Vemos, então, médiuns recebendo bons e belos livros em prosa, cheios de ensinamentos edificantes, mas incapazes de receber do Alto uma só quadra em versos. Foram escritores, romancistas, intelectuais do passado, mas não poetas, porque para escrever poesias mediunicamente ou não, é necessário possuir maior sensibilidade.

E vemos psicógrafos obtendo verdadeiros tesouros em versos, livros fulgurantes de uma beleza comovente. Foram, pois, poetas em encarnações passadas, mentes dotadas da dita especialidade. Allan Kardec, em *O Livro dos Médiuns*, chama atenção para o fato, declarando no capítulo 16, item 193, "Segundo o gênero e a parcialidade das comunicações":

"Médiuns versejadores: obtêm, mais facilmente do que outros, comunicações em versos. Muito comuns, para os maus versos; muito raros para os versos bons."

"Médiuns poéticos: sem serem versificadas, as comunicações que recebem têm qualquer coisa de vaporoso, de sentimental; nada que mostre rudeza. São, mais do que os outros, próprios para a expressão de sentimentos ternos e afetuosos. Tudo, nas suas comunicações, é vago; fora inútil pedir-lhes ideias precisas. Muito comuns."

"Médiuns literários: não apresentam nem o que há de impreciso nos médiuns poéticos, nem o terra a terra dos médiuns positivos; porém, dissertam com sagacidade. Têm o estilo correto, elegante e, frequentemente, de notável eloquência".

E no mesmo capítulo, item 192:

"Médiuns explícitos: as comunicações que recebem têm toda a amplitude e toda a extensão que se podem esperar de um escritor consumado.

Esta aptidão resulta da expansão e da facilidade de combinação dos fluidos. Os espíritos os procura para tratar de assuntos que comportam grandes desenvolvimentos."

Convém, porém, ver todo o capítulo, de preferência os itens 190 a 193 e seguintes, onde existem preciosas instruções sobre o assunto.

III – A Poesia Educativa

No primeiro caso aqui citado, estamos compreendendo que os médiuns poetas são "muito raros". No segundo, escrevendo em prosa, são tão imprecisos e vagos que não atingem a possibilidade de se tornarem "médiuns literários"; e nos dois últimos os verdadeiros "médiuns literários", aptos a obterem livros, crônicas, ensinamentos, etc., do mundo espiritual, de onde concluímos que médiuns poetas e literários constituem especialidades raras que nem todos os psicógrafos possuem.

Suponhamos que um médium jovem, ou aprendiz, possua esse dom, mas sente dificuldades em transmitir os ditados em versos por absoluto desconhecimento da gramática da poesia. Convém então que ele a estude, procurando cultivar a sua faculdade com paciência e dedicação a fim de oferecer possibilidade para transmitir com perfeição o que o poeta do Além quiser ditar por seu intermédio, pois é engano supor que basta possuir a faculdade para que se obtenha tudo o que se deseje. É preciso, antes, habilitar-se, inclusive doutrinariamente, porquanto o médium poeta, sendo espírita, há de conhecer os ensinamentos da sua doutrina a fim de que se torne bom transmissor das verdades imortais através dos versos que obtém das inteligências espirituais.

Cânticos do Coração

A título de estímulo para a tentativa de jovens iniciantes ao estudo da poesia nos campos espíritas, lembramos aqui as regras mais necessárias para tão elevado ideal, aconselhando antes, porém, o estudo perseverante da matéria, inclusive bons livros de poetas consagrados e também de prosa, pois serão necessários conhecimentos plenos, senão vastos, para algo escrever agradável ao leitor:

• A métrica, arte que ensina os elementos necessários à feitura de versos medidos, que mede o número de sílabas de que se compõe cada verso. Sem essa rigorosa observação, os versos não conseguirão agradar ao ouvido, serão defeituosos e intoleráveis qual o problema de matemática cuja soma estiver errada.

• O ritmo, que forma a cadência sonora da poesia, transformando os versos em cânticos melodiosos, ritmo que chega a substituir a rima, tal a sonoridade de sua expressão. Essa regra torna-se ainda, porventura, mais obrigatória nos chamados versos brancos, isto é, nos versos sem rimas, apropriados aos grandes poemas, quase sempre frutos de genial inspiração.

• A rima, também como regra obrigatória, que é a "repetição do mesmo som no fim de dois ou mais versos". O critério da rima varia conforme o gênero

III – A Poesia Educativa

da poesia, e sua aplicação deve ser sempre muito fiel às exigências da arte poética a fim de que o poema seja realmente agradável, capaz de impressionar a sensibilidade do leitor.

• O enredo, que deve ser claro, bem expressivo, lógico, tal uma descrição ou narrativa bem descrita, pois uma mensagem mediúnica em versos há de se apresentar igualmente lógica e compreensível como a mensagem em prosa. Seria bom que o aprendiz se inteirasse bastante dessas regras antes das experiências a tentar e procurasse ler, frequentemente, bons versos de autores consagrados.

Além das regras gramaticais há também o gênero da poesia, que é preciso observar: o *soneto*, tipo dos mais antigos que existem e dos mais difíceis, ainda em pleno vigor na literatura, talvez pela admirável síntese que encerra, o qual quer dizer "pequeno poema", "pequeno canto"; o *poema*, composição poética com enredo forte e definido, extensa e minuciosa, mas bela e majestosa; a *ode*, que se divide em estrofes simétricas e que também pode ser cantada, tipo antigo de poesia, muito usada pelos trovadores medievais da Renascença, que se acompanhavam ao som das bandurras ao cantá-las, mas usada ainda pelos poetas do século passado; a *balada*, poema que se escreve usando três oitavas, ou estrofes de oito versos, sempre com as mesmas rimas e o mesmo verso final. Para findar uma *balada*, será obrigatório uma meia estrofe de quatro versos, ou uma quintilha, estrofe de cinco versos, a que se dá o nome de *oferta*, ou *ofertório*, ou ainda *oferenda*, quando o poeta oferece a produção do seu talento a uma dama ou a qualquer outra pessoa ou coisa que o inspirou.

Não poderemos esquecer também o caráter de uma poesia, ou a sua espécie designativa. Assim sendo, temos a poesia *lírica*, a mais usada pelos poetas e a mais comum, "em que o poeta canta as suas emoções individuais", isto é, seus sentimentos ou o sentimento alheio; a denominada *elegia*, cujo enredo é consagrado ao luto, à tristeza e à dor; a *épica*, que canta os grandes feitos heroicos, as guerras, os feitos patrióticos ou humanitários, as realizações difíceis ou importantes, etc.

Na poesia autêntica, digna desse nome, encontraremos um mundo de emoções e beleza arrebatadora, que poderá elevar nossas almas às esferas do belo, auxiliando nossa educação artística, razão pela qual devemos procurar tudo o que a ela se refere para jamais abastardá-la cultivando um arremedo dessa poesia em vez da sua legítima expressão.

III – A Poesia Educativa

Não é difícil acreditar que entre os jovens aprendizes do Espiritismo alguns possam ser, futuramente, poetas de valor, médiuns ou não, apesar de que poetas ou médiuns poetas apresentam tais aptidões desde a infância ou a adolescência para o apreciado certame. Estas considerações, portanto, são-lhes dedicadas como lembrete para a necessidade do estudo e da meditação em torno da excelsa arte o mais cedo possível.

Por mais modesta que seja a nossa condição social, poderemos atingir a superioridade na literatura do nosso país se bem nos conduzirmos no cultivo desse dom, se o possuirmos, mesmo que não consigamos a mediunidade psicográfica, pois essa tendência é um dom particular da alma, uma predisposição do espírito, que somente pedem perseverança, cultivo e experiência.

Não nos esqueçamos de que Machado de Assis, romancista e poeta, glória da literatura brasileira, foi um simples tipógrafo que jamais cursou uma academia, filho de uma pobre lavadeira residente numa favela do Rio de Janeiro, autodidata, que a si mesmo deveu o que sabia; e que Casimiro de Abreu, poeta lírico de grande sensibilidade e inspiração espontânea, como que mediúnica, foi um pequeno balconista de

Cânticos do Coração

armazém devido à incompreensão paterna, lutou e sofreu a fim de poder extrair do coração a glória poética que tanto enriqueceu a literatura brasileira e deleitou várias gerações de admiradores da boa poesia.

Não abastardemos, portanto, esse divino dom produzindo maus versos ditos mediúnicos, pois o médium poeta o é porque já o foi em anterior existência. Trata-se, como já temos dito, de uma especialidade do médium psicógrafo, que em vão tentaremos possuir se não trouxermos o dom poético ao reencarnar.

Capítulo IV

A POESIA MEDIÚNICA

> *"E os versos continuaram a jorrar..."*
> *"Provando que a Espiritualidade Superior se preocupa em nos educar para o bem através da suavidade da poesia..."*

Parece que os espíritos que foram poetas e literatos quando encarnados na Terra sempre gostaram de comunicar-se em versos com os homens, em agradável intercâmbio, onde instruções e ensinamentos superiores nunca faltaram, o que nos leva a crer ser a poesia muito admirada e cultuada no além-túmulo.

Esses espíritos poetas, já em 1854, talvez mesmo antes, e, portanto, anteriormente à codificação do Espiritismo por Allan Kardec, ditavam versos impecáveis na forma e profundos nos ensinamentos que traziam, usando o recurso de mesinhas leves, pois não ignoramos que, por essa época, o médium ainda não se apossara do lápis para receber diretamente os ditados mediúnicos.

Cânticos do Coração

Um belíssimo livro editado pela Editora FEB, *As Mesas Girantes e o Espiritismo*, de autoria do escritor espírita Zêus Wantuil, narra com precisão — pois é muito bem documentado por obras de vários escritores da época e mesmo posteriores, inclusive Camille Flammarion, o astrônomo tão querido dos espíritas — o histórico das sessões então realizadas na Ilha de Jersey, do arquipélago anglo-normando, com o auxílio de uma mesinha de três pés, ou de um único pé, terminando em três garras, na residência do genial poeta e escritor Victor Hugo, que, como sabemos, foi espírita da primeira hora, antes mesmo da codificação do Espiritismo, conhecedor das doutrinas de Pitágoras e de Swedenborg, convicto da reencarnação, da comunicação dos espíritos e da vida além do túmulo. Ele, porém, tratou do assunto, mais assiduamente, durante o exílio naquela Ilha, exílio imposto por Napoleão III (por ele mesmo chamado *Napoléon le petit*) a vários patriotas franceses antagonistas dos seus princípios políticos.

Victor Hugo servia de secretário durante essas sessões, nunca se sentando à mesa com os outros médiuns a fim de animá-la, mas sim à parte, escrevendo as letras ditadas através das batidas da mesa para formar as frases que resultariam em poemas, ou

IV – A Poesia Mediúnica

mensagens completas, também em versos, ou, ainda, em prosa; era um processo moroso, difícil para se obter algo do Além — que muito louva a paciência e a dedicação dos experimentadores — mas, também, muito eficiente.

Os médiuns, então, eram indivíduos intelectualizados: escritores, dramaturgos e mesmo poetas; os filhos de Victor Hugo, Charles e François, e sua esposa Adèle. Os espíritos que se comunicavam eram da elite intelectual do outro mundo: Molière, Ésquilo, Shakespeare, Dante, Camões.

De outras vezes, interrogados pelos experimentadores ou os assistentes, os espíritos comunicantes respondiam impecavelmente às questões propostas, mas assinavam nomes supostos ou simbólicos, não imaginados pelos presentes, tais como "Drama", "Romance", "Poesia", "Morte", "Ideia", etc., ou "Sombra do Sepulcro", "Ezequiel", fazendo lembrar, com suas mensagens, as visões apocalípticas do velho poeta hebreu, e ainda "O Leão de Ândrocles", "Pomba de Arché", "Dama Branca", por quem Hugo sentia particular simpatia, etc., tudo muito interessante, agradável e autêntico, valendo a pena examinar o dito livro a fim de nos capacitarmos de como se fazia legítimo Espiritismo por aquela época (cap. 16, *op. cit.*).

Cânticos do Coração

Dentre todas as entidades comunicantes, destacaremos "Sombra do Sepulcro" pela sabedoria e autoridade reveladas. Certa vez, respondendo a perguntas impertinentes do grande Hugo, propostas em versos, ela o fez em versos superiores aos dele, e ainda como se criticasse ou advertisse Hugo sobre o que propusera, o que confundiu e melindrou o poeta, levando-o a contrariado retirar-se bruscamente da sala da sessão.

Eram, portanto, manifestações espíritas belíssimas, de entidades desencarnadas que, pela época, apareciam. Vários intelectuais franceses, e mesmo estrangeiros de grande valor, dedicavam-se a essas experimentações edificantes; dentre outros, Auguste Vacquerie, Eugène Nus, Lamartine, Balzac, etc., nomes mundialmente conhecidos pelo talento que portavam.

Mas Allan Kardec apresentou, em seguida, a codificação do Espiritismo; uma doutrina organizada apareceu e um mundo novo, repleto de belezas, consolações, esperanças, certeza e cultura rasgou-se para os corações de boa vontade, confirmando as promessas do Cristo sobre o Consolador, que viria para nos ensinar todas as coisas...

E os versos continuaram a jorrar, tanto do lápis dos médiuns como da mente dos poetas espiritistas,

IV – A Poesia Mediúnica

os quais, certamente, também são médiuns, e viu-se que em todas as localidades do mundo, até mesmo na fria Inglaterra, que até hoje não aceitou plenamente o Espiritismo, apareceram poemas em versos, ainda uma vez provando que o Além se preocupa com a cultura e o sentimento do belo, que devem adornar o indivíduo terreno.

No Brasil apareceram, então, poemas como "A Divina Epopeia de João Evangelista", pelo estro mavioso de Francisco Leite de Bittencourt Sampaio, decerto inspirado do Além, poema em versos decassílabos narrando episódios do *Evangelho de João*.

Em Portugal, o excelente médium versejador Fernando de Lacerda, com seu prodigioso mecanismo psicográfico, deu-nos os versos perfeitos de numerosos poetas portugueses desencarnados, dentre outros Antero de Quental e João de Deus, daquela elite intelectual da época, cuja riqueza e perfeição ninguém ignora, além de verdadeiros poemas em prosa versificada, tão ricos de beleza e perfeição que dificilmente serão superados, tal "A Caridade", do Espírito Monsenhor Alves Mendes, ilustre escritor e orador sacro de Portugal, constante do segundo volume do livro *Do País da Luz*, daquele médium (FEB).

Cânticos do Coração

E finalmente o Brasil que apresentou, ou apresenta ainda, uma profusão de comunicações espíritas em versos, verdadeiramente assombrosa, dignificando o Espiritismo como ainda a mediunidade nos espiritistas brasileiros.

Apareceu, então, Zilda Gama, médium poetisa, versejadora e psicógrafa, que, assistida pelo Espírito Victor Hugo, apresentou obras, que ainda hoje deleitam o leitor, e versos que não chegaram a se impor ao conhecimento do público, dado que a médium, dedicando-se mais à psicografia dos livros e lutando contra duras provações, não se pôde dedicar, como seria necessário, ao difícil labor da psicografia em versos.

Apareceu também Aura Celeste, pseudônimo da professora Adelaide Câmara, grande trabalhadora da seara espírita, cuja memória é amada por aqueles que a conheceram e cujo livro, com seus encantadores sonetos decassílabos ou alexandrinos, nos foi familiar durante a mocidade, mas que desapareceu de circulação, deixando um traço de pesar no coração daqueles que o leram.

Em 1931, porém, surgiu nos horizontes brasileiros o maior médium psicógrafo de que temos notícias neste mundo: Francisco Cândido Xavier, apresentando o monumental livro de versos *Parnaso*

IV – A Poesia Mediúnica

de Além-Túmulo. Até hoje, ele prossegue com uma profusão de poesias de todos os tipos, verdadeiramente impressionantes, médium versejador por excelência.

Desceram então do Alto, para deslumbrar os leitores, espíritos de poetas brasileiros e portugueses que foram conhecidos de todos, agora revividos pelo Consolador prometido por Jesus para enobrecer nossa vida e nossa gente, convidando-nos a meditar melhor sobre as coisas de Deus.

Castro Alves, Gonçalves Dias, Casimiro de Abreu, Olavo Bilac, Auta de Souza, Casimiro Cunha, Cruz e Souza, Augusto dos Anjos, e outra vez Antero de Quental, João de Deus, os antigos vates portugueses, tantos e tantos que seria longo enumerar, todos a nos trazerem, em versos perfeitos, a certeza de que a morte não existe, mensagens educativas ou consoladoras de uma beleza comovente, conselhos para a prática do bem, esperança, fé, virtudes celestes, enfim, presenteando o mundo com uma dádiva de tal valor moral e espiritual que deveríamos nos considerar felizes por termos merecido do Alto essa inigualável ajuda, participando-nos que o Senhor está conosco e se preocupa em nos conceder bênçãos, distribuídas até mesmo na arte imortal da poesia. Não nos sentimos deveras aptos a descrever

Cânticos do Coração

a obra poética mediúnica de Francisco Cândido Xavier, tal a sublimidade que ela encerra.

Em seguida... mais um médium versejador de inestimável valor apareceu: Waldo Vieira, (reencarnação, ao que se diz, de um famoso poeta inglês do século passado); e América Delgado, com a particular afinidade com o tão amado vate português — Guerra Junqueiro; e Sebastião Lasneau, poeta cego, que depois de produzir poemas profanos de grande beleza, constantes do seu livro *Pôr-do-Sol*, título alusivo à sua visão, que então desaparecia, passou a produzir versos evangélicos narrando tantos episódios do Evangelho que não temos dúvidas de serem mediúnicos ou, pelo menos, grandemente inspirados pelo Alto, tal a facilidade com que surgiram da sua mente os decassílabos e alexandrinos, os poemetos e as trovas traduzindo instruções evangélico-espíritas ao leitor. O poeta, então, dominado pela inspiração incontrolável, falava os versos enquanto os amigos os escreviam, pois já então, se encontrava completamente cego.

Mas ainda há mais. Recentemente, ou, melhor, nos dias atuais, outro médium versejador brasileiro revelou-se como uma esperança para a nossa bibliografia poético-doutrinária, alimentando a chama

IV – A Poesia Mediúnica

dessas dádivas celestes que o céu há um século nos envia: Gilberto Campista Guarino, cuja produção já é de todos conhecida.

Parece mesmo que a Espiritualidade Superior se preocupa em nos educar para o bem através da suavidade da poesia, pois também esse jovem médium, de apenas 26 anos de idade, além da faculdade sonambúlica que possui, da psicografia para assuntos gerais, vem obtendo uma profusão qualitativa de poemas, de sonetos, de trovas, de quadras, etc., daqueles mesmos eminentes espíritos, já citados, os quais, no Além, não nos esqueceram e, através de todos esses "vasos escolhidos", estão salvando a nossa literatura do descrédito em que o materialismo ateu do momento vem afogando o sentimento e, logicamente, também a inspiração, o ideal que ainda ontem era meta da Humanidade.

Não podemos esquecer de mais outro que é, igualmente, uma esperança: Júlio César Grandi Ribeiro, o qual, além de poderoso médium de efeitos físicos, possui ainda a especialidade que permite obter versos da espiritualidade.

Modesto, discreto, solitário no bucolismo da sua Vila Velha, no Estado do Espírito Santo, esse médium é também uma promessa que nos anima a supor

Cânticos do Coração

que continuaremos a merecer o desvelo das entidades poetas do mundo espiritual, que carinhosamente nos ensinam a ser bons através do seu talento imortalizado pelo Consolador, o qual novamente as trouxe ao mundo como testemunhas da vida do Além, da inexistência da chamada morte e da realidade da comunicação dos espíritos.

Mas não nos esqueceremos jamais da criatura angelical e bela que foi Carmem Cinira, cuja produção poética encantou a nossa mocidade com a sua ternura, a sua delicadeza atraente, falecida ainda muito jovem e deixando acentuada saudade no coração dos seus amigos e admiradores.

Carmem Cinira, após ressurgir do túmulo através da mediunidade fecunda de Chico Xavier, hoje aí está, afinizando-se com outros tantos médiuns a fim de se firmar, como espírito trabalhador, na missão de ensinar verdades celestes através do belo, também educando a sensibilidade dos espíritas como quem trouxesse ósculos de amor fraterno àqueles que necessitam aprender suavemente a difícil arte de ser bom.

Com efeito, todos esses que assim se prestam ao belo intercâmbio com os poetas do Além são "médiuns versejadores" daqueles apontados como legítimos, na especialidade definida de que nos dá conhecimento o capítulo 16 de *O Livro dos Médiuns*.

IV – A Poesia Mediúnica

A par desses autênticos médiuns aqui citados há também os que, não possuindo a dita especialidade, produzem, no entanto, prosa mais ou menos versificada, o que denuncia a tendência para o poético, e que muito belas páginas têm produzido com elas, assim engrandecendo a literatura espírita. São os médiuns poetas.

Mas seria injusto não citar aqui os encantadores poemas encontrados nas Santas Escrituras. Vamos deparar, então, no *Velho Testamento*, com aquele "jovem pastor ruivo", poeta-músico-cantor-rei, de nome Davi, tão caro ao nosso coração, o qual viveu do ano 1012 a 975 a.C., cujos poemas Os *Salmos* até hoje encantam o nosso coração. Poeta do tipo desses aqui citados, pois seus versos igualmente glorificam Deus, a fé, o amor, o bem; e seu filho Salomão (975-935 a.C.), poeta como o pai, cujos *Salmos* e o célebre *Cântico dos Cânticos* o elegem como eminente poeta, digno de figurar entre a falange escolhida que nosso coração, comovido, evoca.

Temos ainda Paulo de Tarso, o nosso Paulo de Tarso tão conhecido e amado, que, apesar da franqueza da sua palavra escrita ou falada, revelou-se ardente poeta do amor quando, escrevendo o 13º capítulo da *1ª Epístola aos Coríntios*, deu-nos um poema imortal glorificando o amor, de tal forma que esse poema, até

Cânticos do Coração

hoje, dois mil anos depois de escrito, é ensinamento edificante para todos nós, pela beleza e grandeza da sua inspiração.

E quem não vê um poeta naquele João — o evangelista do Senhor — comovendo até as lágrimas na descrição que faz dos últimos discursos do amado Mestre, nas recomendações e despedidas aos apóstolos.

E acima de tudo Jesus de Nazaré, o qual, com as maviosas parábolas, e os seus discursos, deu ao mundo o caminho do céu através da poesia. Não será, porventura, poesia o "Sermão da Montanha", a "Parábola do Bom Samaritano", do "Filho Pródigo", a do "Bom Pastor", do "Vêde as Aves do Céu", etc.?

As artes em geral, e também a poesia, são prendas celestes com que o Criador dotou seus filhos. Cumpre àqueles que possuem esses dons, em particular aos médiuns versejadores, dos quais aqui tratamos, compreenderem que não se devem envaidecer por possuí-los, mas sim, que com eles têm de dar grandes testemunhos àquele distribuidor supremo que lhos concedeu para auxílio ao progresso geral do planeta em que vivem, através do bem e do belo.

Cumpre aos artistas, poetas inclusive, não abastardar esses dons com a própria intromissão negativa, com a sua ambição indevida, deles se servindo para

IV – A Poesia Mediúnica

insuflar em si próprios o orgulho e a vaidade, que tudo poderão destruir. É dom divino, que precisamos antes amar, respeitar, cultivar a fim de sermos dignos dele.

Tão nobre é o assunto, que ousaríamos aconselhar aos espiritistas iniciantes, um zelo constante, o amor incansável às próprias faculdades mediúnicas, o estudo devotado e consciencioso de todas as facetas do Espiritismo, pois esse dom inapreciável — a mediunidade — concedido por Deus para enobrecimento dos seus filhos, esse dom do Espírito Santo é tão grandioso, belo e útil que merece dos seus possuidores todos os sacrifícios e renúncias a fim de ser sensatamente movimentado, posto à disposição do Senhor Jesus como colaboração à ação redentora do seu Consolador.

Por mais simples e modesto que seja, o dom mediúnico que possuímos poderá produzir verdadeiros prodígios de amor, de caridade, de fé, de beleza, de consolo e amparo aos que sofrem e aos sedentos de verdade e de justiça.

É, enfim, o dom de Deus e, através das virtudes que ele de nós exige, precisaremos tentar ser dignos dele... para honra e glória de nosso Mestre Jesus Cristo e progresso da Doutrina que recebemos com a sua presença neste mundo.

Capítulo V

A LITERATURA DO EVANGELHO

"O caráter de um povo está impresso na sua literatura."

De um jovem espírita que se assina Olivério S.P., recebi interessante missiva, onde pede algumas considerações acerca da literatura e da arte de versejar no âmbito do Espiritismo. É espírita iniciante, experimenta a psicografia e deseja tornar-se médium poeta, recebendo literatura e poesia de autores desencarnados.

Que é literatura?

Os dicionários de todas as línguas civilizadas do mundo esclarecem sobre esse assunto:

"Literatura é a arte de compor e escrever trabalhos artísticos em prosa e verso; o conjunto de trabalhos literários de um país ou de uma época."

Assim sendo, existe a literatura oriental e a ocidental; a literatura europeia: francesa, inglesa, italiana, alemã; a americana: norte-americana, canadense, mexicana, etc.; e a sul-americana: brasileira, argentina, uruguaia, chilena, etc.

Também existe, ou existiu, a literatura latina, isto é, da época brilhante dos grandes poetas, escritores e historiadores da antiga Roma, a quem chamamos latinos, como Virgílio, Horácio, Ovídio, Tácito, Suetônio, Juvenal, Cícero, etc.

A literatura da Idade Média, ou medieval, que consagrava em ricos poemas, cantados pelos trovadores, os grandes feitos heroicos dos guerreiros e seus violentos amores, época em que viveu Dante Alighieri, o maior poeta da época.

A literatura da Renascença, que chegou até nossos dias com peças teatrais clássicas que ainda emocionam auditórios seletos, tendo à frente o gênio de William Shakespeare.

A literatura dos séculos 18 (tempos modernos), quando avultaram os grandes filósofos, e 19, que brindou o mundo com verdadeira falange de intelectuais de alta expressão: escritores, poetas, teatrólogos, etc. e, finalmente, a literatura deste nosso século 20, quando avulta a científica, e todo esse acervo de arte vem a ser o produto literário das diferentes épocas em que foi escrito.

V – A Literatura do Evangelho

Existe, outrossim, a literatura científica, a filosófica, a religiosa, e ainda o gênero romântico realista, a literatura católica, a protestante, a espírita, a materialista, a judiciária, etc., cada um desses tipos servindo a uma causa diferente, mas todos enriquecendo a cultura humana e a civilização do planeta. Cada país possui a sua literatura nacional, típica, traduzindo os seus costumes, os feitos dos seus filhos, o seu heroísmo, o seu sentimento, o caráter do seu povo, enfim. E existe, finalmente, a literatura evangélica, de caráter universal.

Desde o advento do Cristianismo e, principalmente, desde o desaparecimento de Jesus da face da Terra e a difusão dos Evangelhos cristãos, a literatura universal vem nobremente servindo à causa evangélica, isto é, relatando através de páginas sempre belas e muito inspiradas, a vida e os feitos de Jesus, seus ensinamentos, o martírio por ele sofrido na cruz e as lutas tremendas dos seus seguidores através dos séculos, a fim de convencerem o coração do homem das doçuras do amor e da piedade cristã, que retratam a índole da doutrina exposta pelo Mestre.

Há dois mil anos, portanto, que em todas as línguas civilizadas do mundo o Evangelho tem sido exaltado graças a uma literatura incansável, sempre benemérita. Em versos ou em prosa, tudo tem sido

Cânticos do Coração

narrado sobre as parábolas de Jesus, as curas por ele feitas, as sábias sentenças contidas nos seus discursos da instrução e também sobre as virtudes e a abnegação dos seus apóstolos e seguidores.

Nos próprios Evangelhos vamos encontrar páginas literárias de grande valor. *O Sermão da Montanha*; as sentenças que denominamos *Bem-aventuranças*; a célebre parábola do *filho pródigo*; a do "bom samaritano"; a das "dez virgens prudentes" e "dez virgens loucas"; a visita de Nicodemos; o episódio com a samaritana à beira do poço de Jacob a quem, pela primeira vez, Jesus revelou que era o Messias antes mesmo de dizê-lo aos seus apóstolos; o jantar em casa do fariseu Simão, com a pecadora em lágrimas aos pés do Senhor, cena que mereceu de Gregório I, o Grande, este comentário comovente: "Quando a contemplo apetece-me emudecer e chorar"; o episódio no Jardim das Oliveiras; a oração pelos discípulos, durante a última ceia; os atraentes acontecimentos da ressurreição; o estranho drama de Judas Iscariotes; a conversão de Saulo na estrada de Damasco; os discursos e as cartas de instrução dos apóstolos e tantas outras exposições ali contidas são páginas brilhantes, que não somente encantam pela sublimidade dos ensinamentos, mas também pela beleza com que foram descritas, imortal

V – A Literatura do Evangelho

beleza que venceu dois mil anos de incompreensões e lutas para chegar até nós outros e engrandecer nossa mente, nosso coração e nossa vida.

Para apreciarmos, porém, as belezas aí contidas e seus ensinamentos será necessário que nosso coração haja amadurecido os próprios sentimentos, fazendo-os passar pelo caminho da reflexão, da meditação, da boa vontade e, não raro, pela retorta do sofrimento, pois o Evangelho é, acima de tudo, o livro do sentimento.

Também a Doutrina Espírita possui a sua literatura, copiosa, variada e da melhor qualidade. Cientistas e filósofos de vários países civilizados da Europa, dos Estados Unidos da América e do Brasil têm escrito compêndios de instruções científicas e filosóficas, romances e poemas demonstrando as experiências, as conclusões, as consequências morais, as vantagens gerais oferecidas à Humanidade por essa revelação celeste a que denominamos Doutrina dos Espíritos.

Seria longo enumerar esses vultos magnânimos de homens cujo respeito pela verdade e amor ao trabalho suplantaram todos os preconceitos e todas as dificuldades para lançar ao mundo a conclusão das suas pesquisas, análises, experiências, observações,

Cânticos do Coração

positivações, etc. consignadas em uma literatura de superior categoria. E ainda os espíritos desencarnados, antigos escritores e poetas, que viveram sobre a Terra como homens, têm enriquecido a literatura evangélica, conjugando-a com os fatos e a filosofia espíritas, assim criando um tipo novo de literatura cuja substância moral, filosófica, científica e artística é modelar.

Em verdade, foram os espíritos que, ditando as obras básicas do Espiritismo a Allan Kardec, criaram definitivamente a literatura espírita. Assim sendo, a Doutrina dos Espíritos, há um século, vem apresentando ao mundo não só o produto dos seus escritores e pensadores humanos, mas também páginas sublimes de instruções evangélico-espíritas ditadas do Além por aqueles espíritos através da faculdade de médiuns possuidores do dom especial de psicografia literária.

A literatura mediúnica, quando autêntica, é sempre bela, apresentando moral elevada. É instrutiva, séria, artística, lógica, digna, sensata, consoladora, atraente e edificante. Não possuindo tais características, essa literatura será apócrifa e devemos rejeitá-la como nociva ao ideal evangélico.

Será de utilidade que aqueles jovens que iniciam observações em torno do movimento doutrinário espírita sejam informados de como se ensaia um tipo

V – A Literatura do Evangelho

de literatura, no caso a evangélica, que nesta crônica discutimos.

É bom, porém, lembrar que os espiritistas conjugam a literatura evangélica com a espírita, tornando completas e satisfatórias as produções aí inspiradas, e assim atendendo ao objetivo kardequiano, ou seja, a aliança estabelecida pelo Codificador do Espiritismo, que unificou em doutrina a moral evangélica, a filosofia e a ciência espíritas, embora também possamos dedicar-nos à literatura evangélica tão somente, ou só à espírita.

Escolhamos, pois, em o *Novo Testamento* de Jesus Cristo, ou em obras espíritas clássicas, de base, um trecho, uma narrativa, um acontecimento que mais doce ou ardentemente nos penetre o raciocínio ou a sensibilidade. Procuremos analisar o ponto, raciocinando sobre ele.

Supliquemos aos nossos instrutores espirituais o necessário auxílio a fim de servirmos ao Evangelho e aos homens com o nosso raciocínio e o nosso coração.

Revistamo-nos de humildade, pois que o simples desejo de escrever não bastará para essa conquista, ao passo que a vaidade será a destruição da possibilidade dessa mesma conquista.

Cânticos do Coração

Afastemos a ideia do influxo mediúnico para a obtenção das chamadas "mensagens". Em vez disso, queiramos extrair de nós mesmos a possibilidade de algo produzirmos e tenhamos paciência, estudando perseverantemente, confiando em Deus e em nós mesmos; o auxílio divino cobrir-nos-á com a sua generosidade e uma página de literatura evangélica sairá do nosso coração, jorrando para nosso lápis sem ser propriamente mediúnica, mas vibrante de inspiração, que a sequência dos ensaios confirmará. Tal exercício desencadeará o desenvolvimento da psicografia literária se ela existir em germe, ou da inspiração, faculdade com que se obtêm obras excelentes.

Não poderemos, porém, perder de vista que, se não existir nos refolhos de nossa alma o dom especial da literatura, nada conseguiremos de apresentável. Os dons da alma, a mediunidade inclusive, não poderão ser constrangidos a florescer em nossa natureza se não existirem nela os seus germes ou se não houver chegado a época da sua florescência e respectiva frutescência. Eles são espontâneos, naturais. Além disso, ninguém produzirá por si só uma boa página de literatura sem conhecimento amplo no assunto a tratar.

O próprio médium deverá esforçar-se por aprender, no geral, o mais possível, a fim de fornecer

V – A Literatura do Evangelho

possibilidades às entidades escritoras da Espiritualidade de movimentar-lhe a mente visto que quanto maiores sejam aquelas possibilidades, mais completo e aproveitável será o trabalho obtido por via mediúnica, ou pela simples inspiração.

Outrossim, para que um médium vença na literatura de além-túmulo será necessário que ele traga consigo essa tarefa ao reencarnar. É trabalho, esse, para caracteres fortes, dispostos às lutas e aos sacrifícios. Só a vontade ou o desejo não bastam. É necessário, além destes, o compromisso, seriíssimo testemunho que nem todos poderão dar.

Em verdade, existem médiuns iletrados que produzem literatura de excelente categoria, como o norte-americano Andrew Jackson Davis, que se tornou célebre pelo valor das poucas obras recebidas mediunicamente, dentre outras uma denominada *Grand Harmony*, e o belo caso do jovem médium James, também norte-americano, o qual, sendo um simples mecânico, não propriamente iletrado, mas nada inclinado à literatura, terminou o livro *O Mistério de Edwin Drood*.[11] Esse livro, assaz conhecido no mundo inteiro,

---

[11] Ver o tratado sobre mediunidade, *Animismo e Espiritismo*, de Alexander Aksakof, cap. III, pp. 324 a 373, 2ª edição, FEB.

Cânticos do Coração

fora escrito pelo escritor inglês Charles Dickens, que morreu sem concluí-lo.

Mais tarde, sob a influência espiritual do escritor, James conseguiu terminá-lo, e o fez de modo a não permitir ao leitor perceber onde terminara a ação do escritor em vida e onde começava a do médium sob o impulso espiritual.

Tais casos, no entanto, são raríssimos e denotam especialidades mediúnicas que não poderão ser imitadas por médiuns destituídos delas, inclusive a especialidade da faculdade mecânica, quando a entidade comunicante atua exclusivamente sobre a mão do médium, deixando de agir com o auxílio do cérebro do mesmo.

Acresce a circunstância de que os referidos médiuns nada mais produziram senão aquilo mesmo. Trata-se, pois, tal mediunidade, mais de um efeito físico do que mesmo de um fenômeno intelectual, embora o seja, pois, durante o transe, o médium poderá conversar com outras pessoas e até mesmo abster-se da concentração mental, e ler coisas diferentes, como acontecia com o médium português Fernando de Lacerda.

O comum é mesmo o médium esforçar-se por atingir possibilidades favoráveis à obtenção da literatura, mediúnica ou não, sem, todavia, forçar o seu

V – A Literatura do Evangelho

advento por insistência descabida e contraproducente, pois que, repetimos, a literatura mediúnica é uma especialidade do médium psicógrafo e não poderá ser criada à vontade do mesmo.

Muito teremos de exercitar, com efeito, muito havemos de estudar, aprender e meditar, muito de paciência, de perseverança, humildade, amor e sensatez havemos de desenvolver em nós mesmos, até que logremos a presença real de um escritor espiritual autêntico para nos dominar a mente e fazer-nos seus intérpretes, com fluência e naturalidade e isso no caso em que sejamos realmente médiuns literários.

Não obstante, há médiuns muito espontâneos que tudo conseguem com facilidade, embora sejam muito raros e quase excepcionais. Os médiuns chamados "positivos", como acima dissemos, que já nascem, por assim dizer, aptos a determinadas tarefas, são os que nos dão identificações irrefutáveis, referindo episódios que lhe são realmente desconhecidos. Traduzem vários estilos com fidelidade diante de todos, em reuniões públicas, onde se encontrem com simplicidade e objetividade evangélicas. São muito raros e não podem ser imitados por outros menos dotados.

Essa conquista é lenta, talvez fruto do nosso próprio esforço e do nosso trabalho através das

Cânticos do Coração

reencarnações, necessitando de tempo para se tornar atributo imortal de nossa individualidade, embora o dom em si mesmo seja natural. E é sabido que os médiuns literários atuais devem ter sido escritores ou mesmo beletristas em suas passadas existências.

Não é fácil ser médium, praticar a mediunidade, e esta, por sua vez, é como uma floresta confusa, entremeada de espinhos, nada ou quase nada conhecida pelos próprios que a possuem e a estudam, faculdade transcendente que nos levará para Deus, se sensatamente a conduzirmos, ou destruirá em nós uma existência, se a desrespeitarmos com as nossas impurezas.

Como sempre, os amoráveis espíritos rompem as barreiras do túmulo para provar aos homens inspirados na boa vontade de servir, que a morte não existe, que eles aí estão, conosco, cheios de vigor e inteligência, praticando a fraternidade com o talento que conquistaram através do trabalho e do tempo, enquanto colaboram com o divino Mestre no auxílio à reeducação dos corações de boa vontade. E o fazem em versos e em prosa cheios de beleza e sentimento, ainda uma vez atestando que a verdadeira missão das belas letras é servir ao bem e à civilização do homem e do planeta em que vivemos.

V – A Literatura do Evangelho

Que o nosso amigo Olivério, que nos escreveu, medite sobre as possibilidades existentes nos refolhos do seu coração para também servir à Boa-nova do Cristo de Deus através da sã e legítima literatura, desprendido das pretensões apressadas ou imaturas.

E, enquanto espera a mediunidade revelar-se... doe-se à caridade com o próximo, à humildade diante de Deus e ao estudo diante dos mentores espirituais, porquanto tais ações auxiliam poderosamente o advento da mediunidade, visto que, assim, nos aproximamos das vibrações superiores do mundo espiritual através do bem e do belo.

Capítulo VI

MÚSICA TRANSCENDENTAL

> "Na verdade, vós, como nós, todos vivemos mergulhados num Oceano Espiritual imensurável, do qual se originam a ciência e a sabedoria possíveis ao espírito humano." *(Imperator — Guia de Stainton Moses)*

Ernesto Bozzano foi um escritor e analista espírita italiano, um sábio pesquisador dos fenômenos espíritas de várias categorias, mas, principalmente, analisador de fenômenos desdobrados no leito de morte.

Impressões dos recém-desencarnados, já na vida espiritual, fenômenos de psicometria, com objetos pessoais apresentados ao médium psicômetra, ou objetos tomados ao acaso, tais como pedras, pequenos galhos de árvores, peles de aves, etc.

Bozzano analisou, também, os surpreendentes fenômenos de "psicometria de ambiente", tão belos e transcendentes, mas ainda pouco conhecidos e estudados, pois, como todos os fenômenos transcendentes, esse também se subdivide e se amplia de tal forma que, às vezes, não sabemos ao certo se tais acontecimentos são oriundos de cenas impressas nas vibrações do ambiente em que viveram e agiram indivíduos já falecidos, ou se trata, antes, de locais "assombrados", onde permanecem espíritos que ali viveram encarnados, agiram, erraram, sofreram e morreram.

Ler um livro de Ernesto Bozzano é penetrar um mundo desconhecido e conhecer faces novas da Doutrina dos Espíritos. É iluminar-se o leitor de conhecimentos nobres e extremamente belos, que vivem a cada passo em nosso derredor sem que sequer o suspeitemos. Infelizmente, porém, esse admirável analista espírita, bom, desinteressado, humilde de coração e generoso, como todo iluminado a serviço da verdade divina, é desconhecido da maioria dos espíritas que pouco se dedicam ao conhecimento das obras doutrinárias clássicas, e fogem à pesquisa bem orientada.

Temos recebido centenas de cartas de adeptos do Espiritismo queixando-se sempre de sofrimentos diários, de vacilações e dúvidas dolorosas, de incertezas chocantes quanto ao próprio futuro espiritual, que tocam as raias da aflição. Desejam sempre a mensagem de um mentor espiritual, a fim de guiá-los e aconselhá-los.

VI – Música Transcendental

No entanto, a verdadeira mensagem é o próprio Consolador, e se esses correspondentes, ao invés de quererem a palavra particular de um guia, a fim de solucionar os próprios problemas, tomassem dos livros específicos da Doutrina Espírita e os consultassem com atenção, penetrariam o mundo real da revelação que o Alto nos concede a cada passo, e sentir-se-iam batizados não apenas pela consolação e convicção daí consequentes, mas também deslumbrados pela beleza que a revelação divina fornece.

Dentre os livros de Ernesto Bozzano, destacaremos, hoje, o intitulado *Fenômenos Psíquicos no Momento da Morte*, páginas consoladoras, de uma beleza comovente, onde nos capacitamos de que somos sempre assistidos e recebidos, ao desencarnar, por aqueles a quem amamos durante a vida, e cuja saudade jamais conseguimos expulsar do coração: nossos pais, nossos irmãos, nossos filhos, esposos ou esposas, amigos, que nos precederam no túmulo.

Todos ali estão, em nosso leito de morte, a nos darem as boas-vindas nas divisas da Terra com o Além... porque o amor que nos unia a eles era sincero, e, por isso, imortal, eterno!

O aludido livro divide-se em várias categorias, e na 3ª Categoria dos fatos por ele analisados cientificamente,[12] porém, Ernesto Bozzano trata da "Música transcendental", assunto que verdadeiramente nos empolga.

Narra ele o seguinte noticiário, extraído do livro *Uma Aventura*, no qual duas médiuns sensitivas, Miss Lamont e Miss Morisson, quando visitavam, pela primeira vez, o parque de Versailles e o Petit Trianon, tiveram a visão dos lugares tais como eles foram ao tempo de Luís XIV, rei de França, aí compreendidas as figuras de Maria Antonieta[13] e muitos outros personagens dessa época:

"Quando Miss Lamont se achava no bosquezinho, percebeu a música de uma orquestra composta de violinos; esta música parecia vir do lado do palácio; eram ondas intermitentes de sons muito doces e a tonalidade mais baixa que a utilizada hoje. Miss Lamont pôde apanhar doze compassos.

Imediatamente depois, quis assegurar-se e o conseguiu, de que nenhuma peça musical havia sido tocada nos arredores. Era, aliás, uma tarde de rígido

---

[12] Ver 3º caso, *op. cit.*

[13] Maria Antonieta, rainha de França, não viveu no tempo de Luís XIV. O rei viveu de 1638 a 1715; ela, esposa de Luís XVI, viveu de 1755 a 1793.

VI – Música Transcendental

inverno, pouco indicada para semelhantes audições em tal lugar.

Seguem-se as narrações das pesquisas das duas visitantes de Versailles, a fim de saberem se naquela oportunidade houvera ou não concertos naquele local, terminando por, positivamente, terem constatado que naquele inverno (1907) nenhum concerto ali se realizara; e mais, que a música semelhante à ouvida não fora ali executada posteriormente a 1815. Foi ainda verificado que os segmentos ouvidos constituíam parte integrante de certos trechos dos compositores Sacchini, Philidor, Montigny, Grétry e Pergolesi.

Erros de harmonia idênticos aos assinalados pelo perito (consultado por Miss Lamont), nos compassos por ela apanhados, foram encontrados em Montigny e Grétry. Ao que parece, os compassos apanhados pela jovem eram próprios dos 'motivos melódicos de diversas óperas do século 18'.

Bozzano, porém, analisando cientificamente o interessante fato, não atribui a audição à psicometria de ambientes, mas à hipótese telepático-espírita, isto é, uma entidade espiritual transmitiria os sons musicais à sensitiva, que se encontraria em estado de meio sonambulismo, estado a que nós outros denominamos "semitranse", o qual, efetivamente, é espontâneo e pode apresentar-se subitamente, em plena rua, permitindo-nos colher magníficos acontecimentos do mundo extraterreno, com perfeita lucidez.

Ser-nos-ia grato transcrever vários desses belíssimos casos analisados pelo professor Bozzano, e por ele mesmo classificados no livro acima citado. Mas essas citações, por vezes longas, seriam, quiçá, contraproducentes. Limitar-nos-emos, então, a citar, por hoje, apenas um outro dos mais belos casos, mesmo poético, ocorrido nas ruínas de uma abadia da Idade Média, na França, e percebido por um grupo de quatro pessoas.

Miss Ernestine Anne, que também era inglesa — diz Bozzano — escreve nestes termos, em data de 28 de julho de 1915, à "Sociedade Inglesa de Pesquisas Psíquicas":

"Visitei as ruínas da Abadia de Jumièges, na França, no domingo, 6 de julho de 1913, com meu pai, minha mãe e um dos meus irmãos. Ali chegamos às três horas da tarde e logo começamos a percorrer as grandiosas ruínas da igreja monacal de Nossa Senhora. São os restos mais vastos e imponentes que já vi da arquitetura normanda.

É uma construção em forma de cruz; o braço direito liga-se a outra igreja menor, chamada São

VI – Música Transcendental

Pedro, e que servira de paróquia. As paredes desta última ficaram quase intactas, enquanto que da igreja monacal só existe a nave central com alguns outros vestígios, mostrando onde estava o coro. Árvores e espinheiros cobrem o local em que se elevava o presbitério.

Depois de por muito tempo haver contemplado as ruínas da Igreja de Nossa Senhora, passamos para a de São Pedro, admirando esses belos restos góticos do século 14.

Afastara-me um pouco dos outros, quando ouvi, de repente, ressoar um coro composto de numerosas vozes de homens, que pareciam vir de um espaço livre à nossa esquerda, onde alguns pedaços de muro indicavam o lugar onde outrora estivera o coro.

Era um canto melodioso e solene, que me era familiar. Lembro-me de haver logo pensado: "Trata-se, necessariamente, de um ludíbrio de minha imaginação." Procurava, pois, desviar minhas ideias, quando ouvi meu pai exclamar:

— Olhe os monges cantando em coro!

Imediatamente cessou a música, que só teve para mim a duração de instantes.

Fiquei de tal modo impressionada com o estranho fato, que preferia convencer-me de que nada tinha ouvido; isso, porém, não era possível, porque os que me acompanhavam tinham ouvido, como eu. Todos reconhecemos haver percebido um coro de vozes cantando as 'Vésperas', isto é, salmos em latim."

O irmão e a mãe de Miss Ernestine igualmente ouviram a melodia, e deram o próprio testemunho à "Sociedade Inglesa de Pesquisas Psíquicas".

No entanto, os percipientes, investigando a possibilidade de haver, pelas cercanias, cantos daquela espécie, capacitaram-se de que a igreja mais próxima distava doze quilômetros da localidade onde se achavam.

Ernesto Bozzano, porém, muito prudente em suas análises, vacila na explicação definitiva do fato, pois que, realmente, trata-se de verdadeiro enigma do transcendentalismo que envolve tais acontecimentos do mundo psíquico, e não será fácil classificá-los com certeza absoluta. Para nós outros, não cientistas, que não passamos de espectadores, ambos os fatos seriam "psicometria de ambiente". Mas, para um analista, existem detalhes. Observa Bozzano, em seus comentários:

"Neste caso, como no precedente, a hipótese telepático-espírita e a psicométrica parecem igualmente admissíveis e não é fácil nos pronunciarmos a respeito.

VI – Música Transcendental

A única objeção contrária à explicação psicométrica consistiria nisso: — que as impressões psicométricas são invariavelmente pessoais e nunca coletivas; o sensitivo só percebe tendo sido posto em relação com o objeto 'psicometrizável'; as visões-audições, às quais é submetido, não são transmissíveis a terceiros. É verdade que no caso acima não se teria agido precisamente com um objeto 'psicometrizável', mas numa ambiência 'psicometrizada', com a qual todas as pessoas presentes se achavam em relação. Mas, como os sensitivos dotados de faculdades psicométricas são muito raros, é pouco verossímil que no caso vertente as quatro pessoas presentes fossem todas sensitivo-psicômetras."

E nós ousaríamos perguntar ao ilustre analista:

O que foi então? Se não se trata de um fenômeno psicométrico, seria telepático-espírita. Mas onde o agente espiritual para a transmissão telepática? Estariam ainda os monges, em espírito, desde séculos, cantando as "Vésperas", no coro?

Não seria mais lógica a hipótese de psicometria de ambiente, isto é, o passado, na abadia, perpetuado nas ondas vibratórias da energia cósmica local — ambiência "metaetérica" de que trata o eminente

Cânticos do Coração

professor Fredrich Myers? Pois sabemos que o fluido cósmico, ou éter, ou energia, envolve todo o Universo e todos nós, e tudo o que nos cerca se envolve dele e nele se retrata. Difícil seria, mas não impossível, as quatro pessoas serem sensitivo-psicômetras...

É assunto nobre, delicado e belíssimo para o espírita que, tendo de viver na ambiência social do mundo violento e materializado da atualidade, encontraria em tais meditações a força protetora para resistir, sem grandes choques, às hostilidades encontradas no dia a dia: o encanto, a sublimação de conhecimentos divinos que o consolariam das amarguras de que, certamente, se vê cercado.

Entretanto, ao que sabemos, não só individualidades encarnadas percebem fatos fotografados na ambiência local que visitam. Parece mesmo que tal faculdade existe, de preferência, entre os desencarnados, daí se derivando a grande raridade dos médiuns psicômetras terrenos. Temos notícias, através de livros mediúnicos, de que "espíritos guias", escritores igualmente, retiram das vibrações cósmicas de certos ambientes fatos importantes de existências antigas ali vividas pelos seus pupilos terrenos, ou de outras individualidades, fatos que são transcritos em livros especializados, que instruem o leitor quanto à moral e

VI – Música Transcendental

à vida de além-túmulo. *O Drama da Bretanha, Dramas da Obsessão, Nas Telas do Infinito,* por exemplo, trazem a declaração de seus autores espirituais de que consultaram as ondas luminosas do éter, dali retirando os assuntos de que tratam.

Ao que parece, os romances espíritas, em geral, são, com efeito, retirados dos arquivos espirituais da vida dos seus comparsas, vida que ficaria fotografada, como tudo neste mundo, nas vibrações luminosas do éter, "ambiência metaetérica" do local onde o fato se passou.

No livro *Devassando o Invisível*, vemos que uma visitante de certa antiga habitação localizada num subúrbio do Rio de Janeiro viu o local visitado transformar-se à época da escravidão, e cenas típicas se apresentaram à sua visão, inclusive o suplício de um escravo no pelourinho.

Prosseguindo em investigações a respeito, foi provado à visitante que a dita habitação fora uma fazenda de escravos, durante o segundo império, tendo a mesma visitante constatado, pessoalmente, num extremo do grande terreno, o pelourinho ainda existente, com a única diferença da coluna quebrada ao meio e os seus destroços pelo chão. E isso passou-se pelo ano de 1944. Ora, esse fato relaciona-se perfeitamente

Cânticos do Coração

com o caso de Miss Lamont, que, visitando o parque de Versailles, no início do presente século, viu o trecho em que se encontrava conforme à época de Luís XIV.

Tampouco a música transcendental é desconhecida de alguns médiuns brasileiros, principalmente os psicógrafos. Sabemos que livros mediúnicos como *Ressurreição e Vida*, *Nas Voragens do Pecado* e *Amor e Ódio* foram ditados do Além ao som de músicas transcendentais verdadeiramente celestes, fazendo recordar peças de Mozart, de Beethoven e de Schubert, respectivamente, pois seria necessário que assim fosse para que o instrumento mediúnico a pudesse compreender e se afinasse melhor com as vibrações do espírito escritor.

Sabemos ainda que o jovem médium Gilberto Campista Guarino, recebendo um poema em versos, ditado pelo Espírito Bittencourt Sampaio, em hosanas a Maria Santíssima, ouvia música por assim dizer celestial, lembrando Beethoven, acontecimento emocionante, que o levou a lágrimas incontroláveis.

De outra vez, o mesmo médium, durante um trabalho longo de psicografia, ouviu música verdadeiramente transcendente, em som de órgão, cravo e instrumentos de madeira e cordas, por entre faixas coloridas que o deslumbraram. Gilberto, também

VI – Música Transcendental

conhecedor de música, pianista, tentou apanhar a melodia para o pentagrama, mas esta transcendia de tal forma a possibilidade humana de captação que não lhe foi possível o feito desejado, apesar dos esforços ingentes empregados. Contou-nos, depois, que os sons pareciam duplos e triplos, sem nada terem, porém, de comum com as terças e os acordes de nossa escala.

Para nós, meros espectadores, os últimos fenômenos aqui citados seriam, efetivamente, telepático-espíritas, pois vemos o agente espiritual promovendo-os para os transmitirem aos médiuns.

Tudo isso é belo e consolador e digno de ser divulgado para engrandecimento daquele que luta e sofre, pois são as virtudes do Consolador, que nos deve ensinar muitas coisas mais, como asseverou Jesus, que nos iluminarão o ser, tão necessitado de forças e conhecimentos para vencer os testemunhos necessários ao nosso progresso. A música é linguagem direta.

Ernesto Bozzano é um mestre eminente, uma base sólida para o prosseguimento da pesquisa, digno de ser conhecido e entendido por nós outros, que apenas vemos e sentimos os fatos, sem poder classificá-los na sua verdadeira categoria científica. A questão, longe de haver terminado, permanece aberta aos progressos dos estudos psíquicos.

Cânticos do Coração

Grande parte das pessoas com quem tenho tido a honra de me relacionar, mesmo as declaradamente religiosas, manifesta um significativo pavor da morte. E alguns espíritas, não obstante a fidelidade à crença da imortalidade da alma, talvez por isso mesmo, mantêm apreensões quanto a esse acontecimento inevitável, naturalíssimo, e até necessário à boa marcha de nossas individualidades para o progresso geral até a perfeição a que a lei de Deus nos permite atingir. No entanto, se tais apreensões perturbam até mesmo a certo número de espíritas, será porque, em verdade, não se dedicam a conhecer plenamente o fenômeno, em si mesmo belo e significativo, do desprendimento de uma alma das suas muitas vezes dolorosas prisões carnais.

Há cerca de seis meses, pus-me em contato com uma dama respeitável, que estava com 77 anos de idade, cujo pavor da morte era impressionante. Sofria, se meditava na sua avançada idade, certa de que seus dias estavam contados e seria inevitável a sua viagem para o outro mundo. Suas incertezas quanto ao que a esperaria além do túmulo eram angustiantes. Assim se encontrava a pobre irmã quando certa emissora de televisão deliberou, democraticamente, exibir uma novela de fundamentos espíritas, intitulada "A Viagem". Boa espectadora de novelas, a nossa personagem

VI – Música Transcendental

dispôs-se a acompanhar mais essa, e, à proporção que os fatos se desenrolavam no seu aparelho de tevê, ela como que ressuscitava das angústias que a oprimiam, até que, certo dia, prestes a terminar a novela, a dita espectadora teve esta exclamação jubilosa:

"Perdi o medo da morte! Agora compreendo tudo e estou pronta para morrer!"

E, com efeito, alguns dias depois faleceu de um colapso cardíaco, antes mesmo do último capítulo da benemérita peça de elucidações espiritistas.

Acredito que esse angustioso terror da morte, que tanto perturba, tem suas causas na ignorância da realidade da vida espiritual, mesmo na indiferença do critério de alguns que, temendo a morte, não se preparam para ela, continuando a viver preso às coisas do mundo. E não é para menos, porque as religiões têm cercado a morte de tantos aparatos lúgubres, suas exposições são tão dramáticas e impressionantes que, efetivamente, atemorizam as almas sensíveis ou frágeis. A notícia de um Deus implacável, do inferno com suas tragédias, esperando a alma por qualquer deslize; as exéquias solenes, os negros crepes, etc., etc., não poderiam deixar de causar impacto nos corações desconhecedores da verdade sobre a morte.

Cânticos do Coração

O espiritismo, porém, única Doutrina verdadeiramente capacitada para informações sobre o assunto, possui livros elucidativos e consoladores, que nos podem reconciliar com o mesmo assunto, a tal ponto que chegamos a interpretá-lo antes como um bem, porquanto há coisas neste mundo piores do que a morte. E não somente os livros nos capacitam disso. A própria vivência do espírita fiel ao seu mandato demonstra que, há agonias tocadas de majestosa beleza, onde vemos que espíritos amigos, ou guias espirituais, ou ainda parentes do moribundo ou da família vêm receber aquele que se liberta, às vezes, até mesmo fazendo ouvir músicas melodiosas, ouvidas também por pessoas encarnadas que velam o doente.

As pessoas de vida e caráter normais, e que são a maioria neste mundo, nada têm que temer da morte. O trespasse opera-se suavemente e o despertar no Além é sempre amparado por aqueles que o receberam no momento crítico.

Um de meus irmãos, relata em mensagem que, quando "descobriu" que já não era mais homem e sim espírito liberto, não pôde impedir uma risada, pois viu que se vestia e calçava meias, e ele sabia que o espírito pode fazer tudo isso, se o desejar, mas não precisa fazê-lo porque o plano da vida, a dimensão em

VI – Música Transcendental

que passa a viver é bem outra; e ele, então, riu de si próprio, compreendendo que aqueles atos eram apenas reflexos mentais produzidos pelo hábito terreno. Meu pai, por sua vez, asseverou que "a morte é tão semelhante à vida que confunde o recém-liberto da carne, fazendo-o supor-se vivo".

Só têm que temer a morte aqueles que abusaram do próprio livre-arbítrio durante a vida e praticaram excessos contra si mesmos ou o próximo; os homicidas, os suicidas, os traidores, os criminosos, os desviados do programa das leis de Deus. Conclui-se daí que, a fim de termos morte benemérita, sem choques nem tormentos, cumpre-nos esforçarmo-nos por agir bem, ou normalmente, durante o decurso da vida.

Em nossa longa caminhada de médium espírita, temos assistido o desprendimento de várias criaturas. A maioria dos casos foi consoladora, com o moribundo vendo os parentes já desencarnados, antevendo nesgas do plano espiritual e até ouvindo melodias, que afirmavam provirem do céu. Lembro-me, porém, de que certa vez fui solicitada para acalmar um agonizante em aflições.

Tratava-se de uma senhora, mãe de vários filhos, vida normal, mas cujo terror à morte desequilibrou-a mentalmente durante a agonia. A enferma, já não

Cânticos do Coração

podendo mais falar normalmente, agitava-se, sentava-se no leito, tinha horríveis alucinações do inferno, supunha ver enterros e aparatos fúnebres, reagindo poderosamente contra as nuanças da desencarnação que se anunciava. Mas a prece santa do amor, uma exortação sobre Jesus e sua doutrina, a palavra firme da esperança conseguiram acalmá-la e ela desencarnou em paz.

Ora, existe um código, por assim dizer celeste, que nos informa sobre casos de mortes belíssimas, além de consoladoras, livro já citado em nossa passada crônica. Trata-se de *Fenômenos Psíquicos no Momento da Morte*, do eminente analista Ernesto Bozzano. Aliás, o livro espírita, em geral, é sempre código de esclarecimentos, consolo, esperança, certeza, confiança, o que não só nos prepara para a vida, mas também para o solene momento do nosso trespasse para o mundo espiritual. Esse livro trata dos vários casos em que moribundos, ou pessoas presentes em seu leito de morte, ouviram músicas transcendentais, trazidas por amigos do Além, como dando as boas-vindas àqueles que terminaram a sua tarefa ou a sua provação terrena. Citarei apenas dois desses casos, escolhendo-os de preferência a outros pela categoria histórica dos moribundos aqui citados.

Creio que ninguém há que, recordando os fatos dolorosos ocorridos durante a Revolução Francesa, e

VI – Música Transcendental

registrados pela História, deixe de se comover ante a figura martirizada daquela criança, o herdeiro do trono da França, segundo filho de Luís XVI e da célebre quanto desditosa Rainha Maria Antonieta, guilhotinada a 16 de outubro de 1793.

Muito se disse e se inventou em torno desse príncipe, que morreu aos 10 anos de idade, depois de grandes sofrimentos. Lendas surgiram sobre a sua sorte, mas o que positivou oficialmente, e as enciclopédias afirmam, é que ele esteve, com efeito, sob a guarda do sapateiro Antoine Simon e outros operários da época do terror. Esteve encerrado na prisão do templo, em Paris, e aí morreu de escrófulas, talvez pelo ano de 1795, dois anos, portanto, depois da morte de seus pais.

Ora, esse príncipe foi chamado Luís XVII, proclamado rei pelos exilados franceses, mas nunca, realmente, foi rei, foi antes um mártir depois que seus pais foram presos. Sua morte, no entanto, foi bela, digna de ser também registrada pela História, como realmente foi, embora não oficialmente. Desse fato diz Ernesto Bozzano, na 5ª Categoria das suas observações sobre "Música transcendental no leito de morte":[14]

---

[14] Ver 13º caso, *op. cit.*

Cânticos do Coração

"Tiro a narrativa seguinte do livro de A. Beauchesne: *Vie, Martyre et Mort de Louis XVII*. O autor recolheu os pormenores da própria boca dos cidadãos Lasne e Gomin, que foram os guardas do infortunado Delfim. Ele escreve:

Aproximava-se a hora da agonia e Gomin, um dos guardas, vendo que o doente estava calmo, silencioso e imóvel, disse-lhe:

— Espero que não sofra.

— Sim, sofro ainda, não porém, como antes... Esta música é tão bela!

Não se percebia nenhum eco de música; não se podia, aliás, percebê-la, do quarto em que o pequeno mártir jazia moribundo.

Gomin, espantado, perguntou:

— Em que direção a ouve?

— Ela vem de cima.

— E a percebe há muito tempo?

— Desde que ajoelhaste. Não a ouves, pois? Oh! escutemos, escutemos!

E a criança abriu seus grandes olhos iluminados de alegria extática e chegou a fazer um sinal com a mãozinha exangue.

VI – Música Transcendental

O guarda, comovido, não querendo destruir essa última doce ilusão, fingiu que escutava também. Depois de alguns minutos de grande atenção, a criança pareceu estremecer de alegria; o olhar tornou-se-lhe brilhante e ela disse com voz que exprimia bem uma emoção intensa:

— Entre as vozes que cantam reconheço a de minha mãe!

Esta última palavra, logo que saiu dos lábios do orfãozinho, pareceu aliviá-lo de todo o sofrimento; a fronte serenou, o olhar tornou-se calmo e pousou em qualquer coisa invisível.

Via-se bem que continuava a escutar, com atenção extática, os acordes de um concerto que escapavam aos ouvidos humanos.

Dir-se-ia que para esta alma jovem começava a despontar a aurora de nova existência.

Pouco depois, o outro guarda, Lasne, veio substituir Gomin e o príncipe olhou-o, por muito tempo, com olhar lânguido e velado.

Vendo-o agitar-se, Lasne perguntou-lhe como estava, se queria alguma coisa. Ele murmurou:

— Quem sabe se minha irmã ouviu essa música do paraíso; far-lhe-ia tanto bem!...

Cânticos do Coração

O olhar, então, do moribundo dirigiu-se com movimento brusco para a janela; um grito de alegria saiu-lhe dos lábios; dirigindo-se ao guarda disse:

— Tenho alguma coisa a dizer-lhe.

Lasne aproximou-se, tomando-lhe a mão. O prisioneiro inclinou a cabeça sobre o peito do guarda, que se julgou no dever de escutá-lo, mas em vão: tudo estava acabado.

Deus tinha poupado, ao pequeno mártir, as convulsões da agonia e o último pensamento do moribundo ficou inexpresso.

Lasne colocou a mão sobre o coração da criança: o coração de Luís XVII tinha cessado de bater!"

Como vemos, esse pequeno príncipe foi um mártir da incompreensão humana, vítima do ódio e das paixões políticas, no entanto, teve um trespasse feliz, recebido nas portas do Além com a música celeste, pois ele mesmo o disse:

"Quem sabe se minha irmã ouviu essa música do paraíso; far-lhe-ia tanto bem..."

Ora, dentre os rumores havidos em torno desse príncipe, há um que dizia que ele não morrera, mas que havia escapado da prisão do Templo; outros afirmavam que ele fora envenenado. Mas, diante do

VI – Música Transcendental

que lemos acima, vemos que a verdade estava com A. Beauchesne, autor do citado livro, pois os guardas não poderiam inventar o que se passou no leito de morte da criança, numa época em que esses fatos eram desconhecidos, ao passo que o livro de A. Beauchesne foi escrito naquela mesma época.[15]

Ernesto Bozzano não se permite classificar esse caso, pelo fato de se tratar de audição de "música transcendental eletiva", ou seja, ouvida apenas pelo moribundo, esperando, a fim de fazer a classificação, chegar aos casos coletivos, que confirmam indiretamente os primeiros. Mas diz o seguinte:

"Farei observar que a descrição das diferentes atitudes tomadas pelo moribundo, combinadas com as correspondentes exclamações de surpresa e de alegria, permitem supor que o pequeno agonizante teve também a aparição de sua mãe: aparição precedida e preparada pelo fenômeno análogo do reconhecimento de sua voz entre as que constituíam o coro transcendental.

Esta combinação sucessiva de duas manifestações diversas, que convergem para o mesmo fim, não deixa de ter valor sugestivo, tanto mais quanto se

---

[15] Ver *Enciclopédia Britânica* — "Luís XVII".

repete em outros episódios do mesmo gênero (como, por exemplo, no 26º caso), como se a manifestação musical representasse, para a entidade do defunto, a via de menor resistência, devendo preparar a outra, a da aparição pessoal ao parente no leito de morte."

E assim ficamos informados de que Maria Antonieta, a mártir de tantos sofrimentos, cujo filho fora arrebatado de seus braços e feito prisioneiro entre estranhos, veio, em espírito, receber o filho em seu leito de morte e com ele seguiu para novas fases de vida, acompanhada de doces melodias espirituais.

A outra personagem histórica cuja agonia se fez acompanhar de música transcendental, fato muito conhecido, foi o mundialmente laureado poeta alemão Wolfgang Goethe. É o 20º caso citado por Bozzano. Conta-o a *Occult Review* (1903, p. 303), que o traduziu de "Gartenlaube" (1860):

"A 22 de março de 1832, às 10 horas da noite, duas horas antes do falecimento de Goethe, um carro parou diante da morada do grande poeta; uma senhora desceu e apressou-se a entrar na casa, perguntando com voz trêmula ao criado:

— Ele ainda está vivo?

VI – Música Transcendental

Era a Condessa V., admiradora entusiasta do poeta e sempre por ele recebida com prazer, por causa da reconfortante vivacidade de sua palestra.

Ao subir a escada, parou ela de repente e pôs-se a escutar; depois perguntou ao criado:

— Como? Música nesta casa? Meu Deus! Como se pode fazer música num dia destes?

O criado também escutava, porém, ficou pálido, trêmulo e nada respondeu.

Entrementes, a Condessa atravessava o salão e entrava no escritório, onde só ela tinha o privilégio de penetrar.

Frau von Goethe, cunhada do poeta, foi ao seu encontro; abraçaram-se em lágrimas. Em seguida a Condessa perguntou:

— Dize-me, Otília; quando eu subia a escada, ouvi música nesta casa; por quê? Estarei enganada?

— Também tu a ouviste? — respondeu Frau von Goethe. É inexplicável! Desde a aurora de hoje que ressoa, de quando em quando, misteriosa música, insinuando-se em nossos ouvidos, em nossos corações, em nossos nervos.

Cânticos do Coração

Justamente nessa ocasião ouviu-se do alto, como se viessem de um mundo superior, acordes musicais suaves, prolongados, que enfraqueceram pouco a pouco até extinguir-se. Simultaneamente, João, o fiel criado de quarto, saía da câmara do moribundo, tomado de viva emoção, e perguntava com ansiedade:

— Ouviu, senhora? — Desta vez a música vinha do jardim e ressoava até a altura da janela.

— Não — replicou a Condessa — ela vinha do salão ao lado."

Segue a tentativa dos três personagens a fim de localizar a música. Mas em vão. Estava tanto no jardim como no ar, no aposento do agonizante como no interior da casa. Todo o ambiente do grande Goethe era circulado por melodias advindas do Além. Todos as ouviam, inclusive o médico-assistente, os amigos visitantes. Uns ouviam-nas como delicioso quarteto tocado à distância; outros como um piano vibrando no salão, e outros ainda afirmavam que o misterioso concerto provinha do próprio aposento do enfermo. Ao que parece, somente este nada ouvia, pois estaria em estado comatoso.

"E a música misteriosa continuou a fazer-se ouvir até o momento em que Wolfgang Goethe exalou o último suspiro." — conclui o relato.

VI – Música Transcendental

Como vemos, o grande poeta, que até hoje encanta as almas admiradoras do belo, através dos seus poemas imortais, teve, no seu leito de morte, a recepção angélica das esferas da arte espiritual, recebendo-o para o prosseguimento da vida.

Não há, portanto, razão para nenhum de nós temer a morte. O que há é a necessidade de bem nos prepararmos para ela.

Que preparo, porém, será esse?

O Consolador prometido por Jesus está entre nós e nos ensinará todas as coisas necessárias ao nosso engrandecimento moral-espiritual. E as obras analíticas de Ernesto Bozzano também fazem parte das verdades ensinadas pelo Consolador...

▼

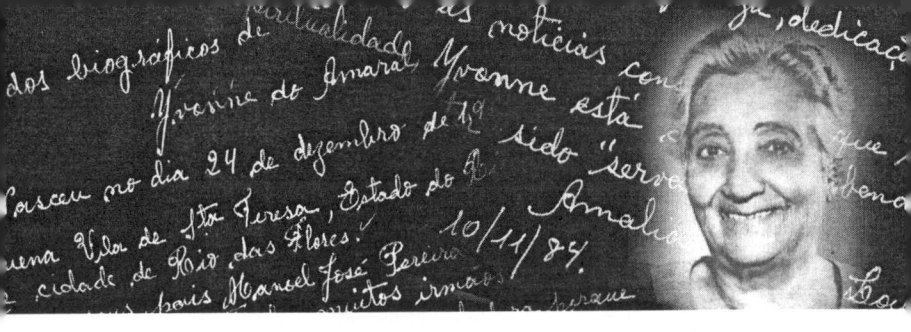

DADOS BIOGRÁFICOS DE YVONNE DO AMARAL PEREIRA

Nasceu no dia 24 de dezembro de 1900, na pequena Vila de Santa Teresa, Estado do Rio de Janeiro, hoje cidade de Rio das Flores.

Foram seus pais: Manoel José Pereira e Elizabeth do Amaral Pereira, e teve muitos irmãos.

A infância de Yvonne foi triste e sofredora porque, desde tenra idade, via espíritos queridos com os quais conversava, sentindo a falta deles quando se afastavam. Recordava-se da sua última existência com muita intensidade e pedia para ser levada a lugares que descrevia com detalhes, tornando-se nervosa e chorosa por não ser compreendida nem atendida. Mais tarde, esses lugares foram identificados, através de fotografias em revistas e postais, como sendo a cidade de Barcelona, na Espanha.

Possuía várias faculdades mediúnicas e sua mediunidade foi espontânea, nunca necessitou desenvolvê-la.

Trabalhou como espírita e como médium desde o início de sua adolescência. Aos 16 anos já exercia a

Cânticos do Coração

mediunidade no Centro Espírita dirigido pelo Sr. Zico Horta (Manuel Ferreira Horta), grande e abnegado espírita kardecista, na cidade de Barra Mansa, RJ, para onde seus pais haviam transferido residência. Trabalhava sob a orientação de Bittencourt Sampaio, guia espiritual do referido Centro.

Seu pai era funcionário da Estrada de Ferro Oeste de Minas, que mais tarde passou a fazer parte da Rede Ferroviária, por esse motivo a família morou em muitas cidades, não só do Estado do Rio de Janeiro como de Minas, em razão das periódicas transferências.

Em todos os lugares em que residiu, Ivonne procurava um Centro Espírita e a ele se filiava, trabalhando sempre com dedicação, empregando esforços para bem servir à Causa Espírita e ao próximo.

Foi médium receitista, passista, de incorporação e de efeitos físicos, mas não se dedicou a esta última faculdade. Como médium de incorporação trabalhou na desobsessão, dedicando-se com amor e sem medir sacrifícios aos suicidas. Sempre orou muito por eles.

Trabalhou continuamente sob a orientação dos seus guias Charles e Dr. Bezerra de Menezes, além de outros. Eles não a deixavam enganada e davam-lhe intuições do que lhe sucederia, por mais doloroso que fosse.

Dados Biográficos de Yvonne do Amaral Pereira

Sua mediunidade era muito positiva, Yvonne teve aviso da desencarnação de todas as pessoas da família.

Viveu para a Doutrina Espírita, não medindo sacrifícios para bem servi-la.

Recebia e respondia cartas e pedidos de preces, receitas e orientações a sofredores do Brasil inteiro. Consolou corações aflitos e sofredores por mais de 50 anos e também foi oradora, sendo sempre inspirada por seus guias.

Foi autodidata, possuía apenas o curso primário. Sozinha, a conselho de seus Guias Espirituais, estudava diariamente e em horário rigoroso. Lia tudo: literatura clássica, história universal, Cristianismo, história das religiões e, principalmente, as obras básicas do Espiritismo. Conhecia todos os autores espíritas e Léon Denis foi um de seus preferidos, ela o considerava seu mestre.

Ligada à Federação Espírita Brasileira, a ela cedeu os direitos autorais de suas obras, nunca recebendo qualquer remuneração pelos serviços mediúnicos ou doutrinários em geral.

São os seguintes seus livros publicados:

Nas Telas do Infinito
Devassando o Invisível
Recordações da Mediunidade

Cânticos do Coração

A Tragédia de Santa Maria
Dramas da Obsessão
Ressurreição e Vida
Amor e Ódio
Nas Voragens do Pecado
O Cavaleiro de Numier
O Drama da Bretanha
Sublimação
Memórias de Um Suicida

Além dessas obras, deixou mais três livros que não chegaram a ser publicados.

Yvonne também recebeu uma novela belíssima, passada na Ilha dos Açores, em Portugal, na época da primeira grande guerra. Esse trabalho, recebido mais ou menos no final da década de 1930, foi perdido por ocasião da mudança de Yvonne, da cidade de Barra do Piraí para o Rio. Um volume de sua bagagem desapareceu e com ele o referido trabalho, além de outros, inclusive uma série de artigos muito bonitos ditados pelo Espírito Léon Denis.

Escreveu ainda artigos em jornais e revistas espíritas e até em jornais profanos, no interior.

Em 1980 teve um derrame cerebral que, não obstante não a ter inutilizado, prejudicou sua mediunidade.

Dados Biográficos de Yvonne do Amaral Pereira

Nessa época encerrou o trabalho mediúnico, mas continuou orando diariamente pelos sofredores encarnados e desencarnados até horas antes de sua desencarnação.

Yvonne desencarnou no dia 9 de março deste ano (1984) no Hospital da Lagoa, no Rio de Janeiro, para onde fora levada horas antes a fim de colocar um marcapasso. Pela manhã, avisou que regressaria à vida espiritual naquele mesmo dia. Já em 1980 dissera a uma amiga que morreria em 1984.

Ela não queria ser hospitalizada porque sabia que desencarnaria naquele dia e não valeria a pena o trabalho da colocação do marca-passo. Repetiu isso aos médicos ao chegar ao Hospital.

Colocou a Doutrina Espírita acima de tudo no mundo; amou-a e respeitou-a muitíssimo, sempre fiel aos seus postulados. Manteve até o fim uma fé inabalável; confiava sem vacilações em seus Guias Espirituais, dando um grande exemplo de firmeza, dedicação e confiança na Doutrina.

Segundo as notícias consoladoras que temos recebido da Espiritualidade, Yvonne está recebendo a recompensa de Jesus por ter sido "serva fiel".

Amalia Pereira Lourenço
(Irmã de D. Yvonne)
Rio de Janeiro, 10/11/1984.

Produção Gráfica: Departamento Editorial do
CENTRO ESPÍRITA LÉON DENIS
Rua João Vicente, 1.445, Bento Ribeiro
Rio de Janeiro, RJ. CEP 21610-210
Telefax (21) 2452-7700
Site: www.edicoesleondenis.com.br
E-mail: editorial@leondenis.com.br